성경 속의
리더십 사다리

성경이 가르치는 삶의 지혜

성경 속의 리더십 사다리

초판 1쇄 발행 2019년 11월 11일

지 은 이   신진우
발 행 인   권선복
편   집   권보송
디 자 인   오지영
전 자 책   서보미
발 행 처   도서출판 행복에너지
출판등록   제315-2011-000035호
주   소   (07679) 서울특별시 강서구 화곡로 232
전   화   0505-613-6133
팩   스   0303-0799-1560
홈페이지   www.happybook.or.kr
이 메 일   ksbdata@daum.net

값 15,000원
ISBN   979-11-5602-755-3   (03230)

성경 속의
리더십 사다리

성경이 가르치는 삶의 지혜

신진우 지음

도서
출판 행복에너지

한 계단, 한 계단 오르며 도달하는 리더십의 정상

사람은 누구나 행복을 갈구하며, 자신의 삶이 윤택해지기를 바란다. 성경은 행복과 윤택한 삶으로 이끄는 지혜가 넘치게 숨겨져 있는 보고다. 특히 21세기 급변하는 사회 속에서 리더로 살기 위해서는 성경을 늘 옆에 두고 묵상하여 성경이 주는 지혜로 자신을 성장시킬 필요가 있다. 성경은 단지 기독교인들에게뿐 아니라 모든 사람에게 삶의 자양분을 충분히 공급할 수 있는 책이다. 저자는 평소 깊은 묵상을 통해 배양된 영성으로 리더십의 본질을 밝혀내어 리더십을 갈구하는 모든 자에게 넘치는 샘물을 공급하는 역할을 충실히 해내고 있다.

'성경 속의 리더십 사다리'라는 제목에서 암시하듯이 사다리를 통해서 한 칸씩 성실하게 위로 오르면 원하는 바를 얻을 수 있다. 빠른 변화는 내면의 변화로 이어지지 못한다. 비록 속도는 느릴지 모르지만 한 계단씩 성경이 가르치는 지혜를 배우고, 익히고, 실천하다 보면 반드시 참된 행복의 경지에 오를 수 있다. 서두르지 말라. 그렇다고 포기하지도 말라. 아무리 높아 보여도 사다리를 통해 한 계단씩 오르면 어느 순간 목적지에 도달하게 된다.

신진우 교수는 성경을 사랑하는 사람이다. 늘 성경을 가까이하며 진리를 추구하는 사람이다. 그에게는 향기가 있다. 호남대 초빙교수, 남서울대 출강 등으로 많은 사람에게 선한 영향력을 미치면서 살다 보니 자연스럽게 형성된 향기다.

이 책을 읽으면 자기도 모르는 사이에 그 향기가 독자의 영혼 속에 자리 잡는 느낌을 받게 될 것이다. 이 책을 통하여 사다리 리더십을 형성하여 어지러운 세상에 인격적 향기를 발하는 사람이 많아지기를 소망한다. 특히 목회자들과 교회 지도자들에게 필독할 것을 권면한다.

조인서(수유제일교회 담임목사)

프롤로그

성경은 우리 삶을 윤택하게 만들 지혜를 담고 있다

15세기 영국에서 가장 많은 장서를 보유했다는 켄터베리 대성당 도서관의 장서는 겨우 2천 권이었고, 케임브리지 대학 도서관의 장서도 300권에 불과했다. 그 이유는 책값이 비쌌기 때문이라고 한다. 예를 들어 2천 쪽 분량의 성경 한 권을 제작하는데 필요한 수도사 인건비와 양피지 가격을 지금 가치로 환산하면 약 2억여 원이 든다고 하니 성경 한 권은 가지고만 있어도 명예로울 뿐 아니라 부유함을 나타내는 상징과도 같았을 것이다. 지금 시대는 그때와는 현격하게 다르다. 나만 하더라도 집에 영어 성경 2권을 포함하여 7권의 성경을 가지고 있으며, 책 중에서도 꾸준히 읽고 있다.

성경을 읽는 목적은 하나님의 뜻을 이해하기 위해 서라고 하지만, 나는 성경을 읽으면서도 왜 성경이 오랜 역사 동안 세계적으로 최고의 베스트셀러로서 꾸준히 읽혀지고 있는가가 의문이었다. 아마 하나님 의 뜻을 이해하지 못한 탓이었나 보다. 그러다가 성 경은 우리 삶이 나아갈 길을 밝혀주는 빛의 역할을 할 뿐만 아니라, 우리에게 구원에 이르는 지혜가 있 게 하며, 우리를 교육하고 온전하게 하여 모든 선한 일을 행할 능력을 갖추게 하려고 기록된 것이라는 사실을 깨닫게 되었다.

주의 말씀은 내 발에 등이요 내 길에 빛이니이다
(시 119:105)

성경은 능히 너로 하여금 그리스도 예수 안에 있는 믿 음으로 말미암아 구원에 이르는 지혜가 있게 하느니라 모 든 성경은 하나님의 감동으로 된 것으로 교훈과 책망과 바 르게 함과 의로 교육하기에 유익하니 이는 하나님의 사람

으로 온전하게 하며 모든 선한 일을 행할 능력을 갖추게

하려 함이라

(딤후 3:15중–17)

　리더십을 전공한 사람으로서 리더십에 대한 나

의 견해는 '우리 모두는 리더이고, 삶을 바르게 살아

가는(크게는 국가를 바르게 이끄는) 기술이 리더십'이라는 것

이다. 그런데 성경 말씀이 곧 우리의 삶을 잘 살아갈

수 있도록 매우 세밀하게 그 방법을 가르쳐주고 있

음을 느끼게 되었다.

　구약의 대부분은 하나님의 섭리에 따라 이스라엘

백성이 어떻게 살아야 되는지를 가르치고 그에 따르

지 않는 경우에는 하나님의 징벌이 있었음을 상세

히 기록한 이스라엘 백성의 삶의 역사로 이루어져

있다. 이스라엘 민족은 리더에 따라 수많은 부침浮沈

을 거듭하며 때로는 나라가 아주 없어지는 고난까지

겪는다. 반면에 신약의 대부분은 우리 죄를 대속하

여 주기 위해 오신 예수님의 말씀을 제자들이 옮겨

적은 것과 제자들의 선교활동에 관한 것이다. 예수

님은 사악해질 대로 사악해진 이 세상 만민의 죄를 대신 지고 십자가에 못 박혀 돌아가시기까지 우리가 삶을 어떻게 살아가야 할 것인지 매우 구체적으로 가르쳐주셨다.

하나님 말씀인 성경을 '성령의 조명과 성경 전체에 대한 진지한 연구 없이 함부로 해석하지 말라'(벧후 3:16)고 성경에 쓰여있음에도 불구하고 성경 전문가도 아닌 내가 감히 성경 내용을 가지고 책을 쓰려고 마음먹은 것은 두 가지 이유 때문이다. 첫째는 읽은 내용을 알기 쉽게 정리하고 싶었다. '책 읽기의 완성은 책 쓰기'라는 글을 읽은 적이 있다. 또 모르는 책이라도 열 번을 읽으면 문리가 트인다는 옛 현인의 말도 있다. 그래서 스무 번을 읽고 책을 쓰기 시작했다. 두 번째는 성경을 보면 볼수록 리더십 관점에서 많은 삶의 지혜를 얻을 수 있었으며, 이를 생활화하면 우리 모두가 갈구하는 행복한 삶을 영위할 수 있다고 생각하게 되었다. 결국 성경 읽기의 완성으로 성경 내용에 관한 책을 쓸 마음을 먹게 되었다. 대신 리더십을 연구하는 사람으로서 성경의 해석보다는 성경 말씀만을 기준으로 신앙인은 물론 비신앙인들도 반드시 지켜야 할 사회규범과 우리 삶을 윤택하게 만드는 각종 지혜를 리더십 덕목 차원에서 정리해 보는 방법으로 책을 구상하였다.

그래서 책 구성을 제1부에서는 율법의 총칙이라고 할 수 있는 삶의 대원칙인 십계명과 각종 세부 율법 내용에 대하여, 제2부에서는 주로 구약에 나오는 위대한 선지자들의 리더십에 대하여, 제3부는 성경에서 가르치는 우리 삶을 윤택하게 만드는 리더십 덕목에 대하여 성경 말씀을 정리하는 식으로 엮어보았다.

성경을 리더십 덕목 차원에서 나름대로 정리하여 보았지만 대부분의 내용은 특별히 덧붙일 말이 불필요하였다. 간혹 어떤 것은 그 참된 의미를 더 설명해야 할 필요가 있다고 느낀 것도 있었으나 내가 설명하기에는 너무 건방지다는 생각도 들어 가급적 해설은 생략하였다. 아울러 종교 의식, 안식일, 십일조 등 일반인들의 실생활과 관련이 없는 것들은 율법 내용 소개에 포함시키지 않았다.

나는 행함이 없는 열정적인 신앙보다는 성경 말씀대로 온전히 실행하면서 사는 삶이 오히려 가치 있는 삶이며, 진정한 그리스도인이 아닌가 생각한다. 그래서 내 후손들을 포함하여 많은 사람들이 비록 적극적인 신앙생활은 못하더라도 성경 말씀을 더욱 잘 이해하고 성경의 가르침대로 삶을 영위하려고 노력하는 것만으로도 건전한 사회생활을 하는데 보탬이 될 것으로 생각되어 이 책을 쓰기로 마음을 굳히게 되었다. 성경의 말씀대로 삶을 영위하다 보면 신앙심도 더 깊어질 것이며 건전한 사회인으로서도 존경받을 수 있는 행복한 삶을 살아갈 수 있다고 생각한다.

특별히 나보다 성경지식이 풍부한 육사 동기생 고태영 장로님의 꼼꼼한 감수는 물론 신학적 의견 제시와 함께 고교 절친인 엄영섭 사장의 철저한 오탈자 감수 덕분에 자신감을 갖고 이 책을 발간해도 되겠다는 생각을 갖게 되었다. 정말 감사하다는 말을 덧붙이고 싶다.

2019년
저자 신진우

목차

인용한 성경 책명 약자표

창	창세기	출	출애굽기
신	신명기	삼상	사무엘상
대하	역대하	스	에스라
욥	욥기	시	시편
사	이사야	렘	예레미야
미	미가	합	하박국
마	마태복음	막	마가복음
행	사도행전	롬	로마서
갈	갈라디아서	엡	에베소서
살전	살로니가전서	살후	데살로니가 후서
딛	디도서	히	히브리서
요일	요한1서	요이	요한2서
레	레위기	민	민수기
삼하	사무엘하	대상	역대상
느	느헤미야	에	에스더
잠	잠언	시	시편
겔	에스겔	욘	요나
습	스바냐	말	말라기
눅	누가복음	요	요한복음
고전	고린도전서	고후	고린도후서
빌	빌립보서	골	골로세서
딤전	디모데전서	딤후	디모데후서
약	야고보서	벧전	베드로전서

제1부

하나님이 주신 삶의 지침
- 율법

구약성경은 이스라엘 백성에 대해 하나님이 주신 삶의 지침인 율법인 동시에 그 율법에 따라 이스라엘 민족이 살아온 역사를 기록한 것이라고 할 수 있다. 하나님이 직접 다스리시던 신정神政 시대에서는 여호와의 율법이 곧 국가 법률의 근간이었기 때문에 모세가 여호와의 말씀을 율법화하여 만든 창세기, 출애굽기, 레위기, 민수기, 신명기까지의 소위 모세 5경이 성경이 가르치는 율법의 근본이 되는 것이다.

율법은 모세로 말미암아 주어진 것이요.(요 1:17상)

출애굽한 이스라엘 백성들은 무엇을 어떻게 해야 할지, 또 무엇을 하지 말아야 할지 몰랐기 때문에 하나님은 구체적인 율법들을 주신 것이다. 이 율법은 곧 이스라엘 백성에 대한 여호와께서 주신 명령으로 삶의 지침이며 올바른 삶을 살아가는 방법으로서 백성들은 반드시 이 율법을 준수하도록 되어있다. 그리고 백성들은 이 명령을 가슴에 새길 뿐 아니라 자기 자녀들에게 부지런

성경 속의 리더십 사다리

히 가르쳐 후손들에게 전승되도록 하고 있다. 시편에서 가장 긴 119편은 이 율법(말씀, 법, 증거, 법도, 율례, 계명, 판단, 규례, 도 등으로 표현)을 삶의 지침으로 삼아 거룩하고 정직한 삶을 살아야 함을 교훈하고 있다. 이 율법을 지키는 것이 범죄 하지 않고 삶의 지혜를 얻을 수 있으며 기쁘게 살 수 있는 길이라는 것이다.

오늘 내가 네게 명하는 이 말씀을 너는 마음에 새기고 네 자녀에게 부지런히 가르치며 집에 앉았을 때에든지 길을 갈 때에든지 누워 있을 때에든지 일어날 때에든지 이 말씀을 강론할 것이며 (신 6:6-7)

1. 대원칙 - 십계명

하나님 여호와께서는 자기의 백성인 이스라엘 백성의 인구가 많아지자 별도로 독립된 족속으로서 새로운 거주지를 내려주고자 그들을 애굽에서 구해내시었다. 민수기 1장 42절에 보면 싸움에 나갈 만한 20세 이상의 남자만 육십만 삼천오백육십 명이었음을 볼 때에 전체 인구는 약 200~250만 명 정도가 될 것으로 성경학자들은 추정하고 있다.

그들을 질서 있는 국가적 조직으로 이끌어 나가는 데는 법규가 필요한데, 이 법규가 바로 하나님이 모세를 통해 주신 삶의 지침, 곧 율법이다. 따라서 이를 '모세의 율법'이라고도 한다. 그 기본이 되는 대원칙이 출애굽기 20장과 신명기 5장에 기록된 십계명이다. 모세는 여호와께서 직접 쓰신(신 4:13, 신 9:10, 신 10:4) 십계명을 통해 이들이 살아가면서 반드시 지켜야 할 원칙인 하나님의 말씀

성경 속의 리더십 사다리

을 전달한다.

하나님께서 이스라엘 백성에게 십계명을 주신 것은 애굽의 속박에서 이스라엘을 구원하여 자유를 주신 것처럼 십계명을 통하여 이스라엘 백성에게 자유를 계속 누리게 하기 위함이라는 것이 성경학자들의 일반적 견해다. 즉, 법을 지키면 자유롭게 살 수 있다는 의미로 해석된다. 따라서 십계명은 여호와를 정점으로 하여 가족이나 이웃과 더불어 이스라엘, 나아가 온 세상 사람들이 살아가는 데 필요한 대원칙이라고 할 수 있다. 처음에 등장하는 4가지 계명은 이스라엘과 여호와 사이의 관계를 설명해 주는 지침서이며, 나중 6개의 계명은 공동체내에서 가족과 이웃 사이의 관계를 원만히 유지하며 삶을 영위하는 데 꼭 필요한 행동지침서이다.

십계명에서 '우상숭배금지'가 첫 번째로 언급되고 있다는 것은 '우상숭배금지'를 가장 강조한 것이라고 생각된다. 출애굽 당시 애굽은 많은 거짓 신들과 우상들로 가득한 나라였다. 이런 이교적인 문화 속에서 400년 이상을 살았던 이스라엘 사람들은 우상 숭배를 당연하게 받아들일 가능성이 농후했다. 이와 같은 사실을 하나님은 가장 염려했던 것이다. 그러나 이스라엘 백성들은 그 후 이 원칙을 지키지 않아 하나님의 심판을 자주 받았으며,

심지어는 나라를 잃고 포로생활까지 경험하게 된다.

안식일을 지키라고 한 것은 사람이 하루도 쉬지 않고 일을 하면 지치고 염증을 낼 수가 있기 때문일 것이다. 따라서 7일 중 마지막 7번째 날은 쉬게 함으로써 또 다른 날을 맞이하는 에너지를 축적하고 여호와를 경배하면서 이웃끼리 서로 인간관계를 도모할 수 있는 기회를 가질 수 있도록 배려한 것이라고 생각된다.

그 외로 언급한 내용은 백성을 질서 있고 단결된 조직으로 만드는 데 꼭 필요한 아주 기본적인 사항을 강조한 것이라고 여겨진다. 또한 계명 하나하나가 오늘날의 리더십 덕목에 해당하는 것이다.

너는 나 외에는 다른 신들을 네게 두지 말라.

너를 위하여 새긴 우상을 만들지 말고 또 위로 하늘에 있는 것이나 아래로 땅에 있는 것이나 땅 아래 물속에 있는 것의 어떤 형상도 만들지 말며

그것들에게 절하지 말며 그것들을 섬기지 말라. 나 네 하나님 여호와는 질투하는 하나님인즉 나를 미워하는 자의 죄를 갚되 아버지로부터 아들에게로 삼사 대까지 이르게 하거니와

나를 사랑하고 내 계명을 지키는 자에게는 천 대까지 은혜를 베푸느니라.

성경 속의 리더십 사다리

너는 네 하나님 여호와의 이름을 망령되게 부르지 말라. 여호와는 그의 이름을 망령되게 부르는 자를 죄 없다 하지 아니하리라.

안식일을 기억하여 거룩하게 지키라.

엿새 동안은 힘써 네 모든 일을 행할 것이나

일곱째 날은 네 하나님 여호와의 안식일인즉 너나 네 아들이나 네 딸이나 네 남종이나 네 여종이나 네 가축이나 네 문안에 머무는 객이라도 아무 일도 하지 말라.

이는 엿새 동안에 나 여호와가 하늘과 땅과 바다와 그 가운데 모든 것을 만들고 일곱째 날에 쉬었음이라. 그러므로 나 여호와가 안식일을 복되게 하여 그 날을 거룩하게 하였느니라.

네 부모를 공경하라. 그리하면 네 하나님 여호와가 네게 준 땅에서 네 생명이 길리라.

살인하지 말라.

간음하지 말라.

도둑질하지 말라.

네 이웃에 대하여 거짓 증거 하지 말라.

네 이웃의 집을 탐내지 말라. 네 이웃의 아내나 그의 남종이나 그의 여종이나 그의 소나 그의 나귀나 무릇 네 이웃의 소유를 탐내지 말라.(출 20:3-17, 신 5:7-21)

2. 세부 법규

십계명은 오늘날의 헌법과 같은 것이라고 볼 수 있으며, 모세는 헌법에 따른 세부 법규 내용인 하나님의 말씀을 출애굽기와 신명기에서 상세히 규정하고 있다. 하나님은 우리를 너무 사랑하시기 때문에 우리가 인생을 망쳐가는 죄를 짓지 못하도록 율법을 주시어 죄에서 벗어나도록 하신 것이라고 이해해야 한다. 하나님께서 가장 싫어하시는 것은 우상숭배이고 여호와를 모독하는 것이다. 우리에 대한 사랑 때문에 우리가 하나님 대신에 다른 헛된 우상에게 우리의 마음과 인생을 빼앗기지 않도록 당부 또 당부하시는 것이다. 그 다음이 성적 문란 행위라고 볼 수 있다. 인간의 삶 속에서 가장 많이 범하는 죄인 만큼 성경 여러 곳에서 가장 많이 언급되고 있다.

인간이란 망각의 동물인지라 징벌을 당한 후에 한 세대만 지나도 과거의 역사를 망각한 채 또다시 죄를 짓는

성경 속의 리더십 사다리

우매한 행위를 반복한다. 그래서 그런지 성경의 여러 곳에서 하나님의 명령을 자주 반복해서 전달하고 하나님의 계명과 규례를 반드시 지켜 행하라(신 4:1-2, 4-5, 40, 5:1, 6:17, 7:11, 8:1, 11, 11:1, 8, 12:28, 32, 16:16-17, 27:10, 29:9, 30:20, 32:46, 왕상 9:6-7, 에 18:9, 21, 20:19, 잠 28:9, 겔 11:20, 겔 18:9, 20:19)고 강조하고 있음을 알 수 있다. 구약 성경의 전반적 흐름은 이스라엘 백성의 타락(율법을 지키지 않음), 징벌, 회개, 구원의 순환을 되풀이한 역사라고 할 수 있다.

우리가 법을 안 지키면 죄인이 되듯이 이스라엘 백성도 율법을 지키지 않으면 죄인이 되었다. 그렇다고 우리가 죄인이 되기 싫어 법 자체를 없앨 수 없듯이 이스라엘 백성도 죄인이 되기 싫어 율법을 폐할 수는 없는 것임을 성경에서는 가르쳐주고 있다. 예수님도 구원의 필요성을 깨닫게 하는 모세의 율법이나 선지자들의 예언을 폐하시려 하지 않고 오히려 성취하시려고 하셨다.

내가 율법이나 선지자를 폐하러 온 줄로 생각하지 말라 폐하러 온 것이 아니요 완전하게 하려 함이라 진실로 너희에게 이르노니 천지가 없어지기 전에는 율법의 일점 일획도 없어지지 아니하고 다 이루리라 그러므로 누구든지 이 계명 중의 지극히 작은 것 하나라도 버리고 또 그같이 사람을 가르치는 자는 천국에서 지극히 작다 일컬음을 받을 것이요 누구든지 이를 행하며 가르치는 자는 천국에서 크다 일컬음을 받으리라.(마 5:17-19)

성경 해설서에 보면 '율법'은 모세 오경을, '선지자'는 선지서書를 가리키는 것으로서, 구약 성경 전체를 일컫는 말이다.

결국 신약 성경은 율법의 내용이 틀렸다는 것이 아니라 예수 그리스도로 말미암아 구원받았다는 것을 믿음으로써 각종 제사와 의식 규례들에 대한 틀에서 벗어나게 되었음을 강조한 것이라고 생각된다.

율법은 모세로 말미암아 주어진 것이요 은혜와 진리는 예수 그리스도로 말미암아 온 것이라.(요 1:17)

그런즉 율법은 무엇이냐. 범법하므로 더하여진 것이라 천사들을 통하여 한 중보자의 손으로 베푸신 것인데 약속하신 자손이 오시기까지 있을 것이라.(갈 3:19)

그러면 율법이 하나님의 약속들과 반대되는 것이냐 결코 그럴 수 없느니라 만일 능히 살게 하는 율법을 주셨더라면 의가 반드시 율법으로 말미암았으리라 그러나 성경이 모든 것을 죄

성경 속의 리더십 사다리

아래에 가두었으니 이는 예수 그리스도를 믿음으로 말미암는 약속을 믿는 자들에게 주려 함이라 믿음이 오기 전에 우리는 율법 아래에 매인 바 되고 계시될 믿음의 때까지 갇혔느니라 이같이 율법이 우리를 그리스도께로 인도하는 초등교사가 되어 우리로 하여금 믿음으로 말미암아 의롭다 함을 얻게 하려 함이라.(갈 3:21-24)

율법을 따라 거의 모든 물건이 피로써 정결하게 되나니 피 흘림이 없은즉 사함이 없느니라.(히 9:22)

이 뜻을 따라 예수 그리스도의 몸을 단번에 드리심으로 말미암아 우리가 거룩함을 얻었노라.(히 10:10)

율법의 연약성은 율법을 지키는 자일지라도 생명을 줄 수 없었다는 것인데 예수님은 자기의 생명을 바쳐 우리 모두의 영생을 보장하셨다는 것이 근본적인 차이다.

그는 육신에 속한 한 계명의 법을 따르지 아니하고 오직 불멸의 생명의 능력을 따라 되었으니 증언하기를 네가 영원히 멜기세덱의 반차를 따르는 제사장이라 하였도다 전에 있던 계명은 연약하고 무익하므로 폐하고(율법은 아무 것도 온전하게 못할지라) 이에도 좋은 소망이 생기니 이것으로 우리가 하나님께 가까이 가느니라 또 예수께서 제사장이 되신 것은 맹세 없이 된 것이 아니니 (그들은 맹세 없이 제사장이 되었으되 오직 예수는 자기에게 말씀하신 이로 말미암아 맹세로 되신 것이라. 주께서 맹세하시고 뉘우치지 아니하시리니 네가 영원히 제사장이라 하셨도다) 이와 같이 예수는 더 좋은 언약의 보증이 되셨느니라.(히 7:16-22)

예수는 영원히 계시므로 그 제사장 직분도 갈리지 아니 하느니라.(히 7:24)

바울은 율법 자체보다는 율법을 행하는 것이 더 중요하다고 생각하였다. 따라서 바울은 당시 이방인들에게는 율법이 없었으나 율법 없이도 율법에 있는 내용을 행하면 그것이 훨씬 더 의로운 일이라고 강조한다. 바울에 따르면 율법으로 죄를 깨닫고 예수 그리스도를 믿고 그의 말씀대로 사는 것이 구원의 길임을 가르쳐준다.

하나님 앞에서는 율법을 듣는 자가 의인이 아니요. 오직 율법을 행하는 자라야 의롭다 하심을 얻으리니 율법 없는 이방인이 본성으로 율법의 일을 행할 때에는 이 사람은 율법이 없어도 자기가 자기에게 율법이 되나니.(롬 2:13-14)

율법을 자랑하는 네가 율법을 범함으로 하나님을 욕되게 하느

성경 속의 리더십 사다리

냐.(롬 2:23)

네가 율법을 행하면 할례가 유익하나 만일 율법을 범하면 네 할례는 무할례가 되느니라.(롬 2:25)

그런즉 우리가 무슨 말을 하리요. 율법이 죄냐 그럴 수 없느니라. 율법으로 말미암지 않고는 내가 죄를 알지 못하였으니 곧 율법이 탐내지 말라 하지 아니 하였더라면 내가 탐심을 알지 못하였으리라.(롬 7:7)

그리스도는 모든 믿는 자에게 의를 이루기 위하여 율법의 마침이 되시니라.(롬 10:4)

사랑은 이웃에게 악을 행하지 아니하나니 그러므로 사랑은 율법의 완성이니라.(롬13:10)

사람이 의롭게 되는 것은 율법의 행위로 말미암음이 아니요 오직 예수 그리스도를 믿음으로 말미암은 줄 알므로 우리도 그리스도 예수를 믿나니 이는 우리가 율법의 행위로써가 아니고 그리스도를 믿음으로써 의롭다 함을 얻으려 함이라 율법의 행위로써는 의롭다 함을 얻을 육체가 없느니라.(갈 2:16)

또 하나님 앞에서 아무도 율법으로 말미암아 의롭게 되지 못할 것이 분명하니 이는 의인은 믿음으로 살리라 하였음이라 율법은 믿음에서 난 것이 아니니 율법을 행하는 자는 그 가운데서 살리라.(갈 3:11—12)

그러면 율법이 하나님의 약속들과 반대되는 것이냐 결코 그럴 수 없느니라. 만일 능히 살게 하는 율법을 주셨더라면 의가 반드시 율법으로 말미암았으리라 그러나 성경이 모든 것을 죄 아래에 가두었으니 이는 예수 그리스도를 믿음으로 말미암는 약속을 믿는 자들에게 주려 함이라.(갈 3:21-22)

그러나 율법은 사람이 그것을 적법하게만 쓰면 선한 것임을 우리는 아노라 알 것은 이것이니 율법은 옳은 사람을 위하여 세운 것이 아니요 오직 불법한 자와 복종하지 아니하는 자와 경건하지 아니한 자와 죄인과 거룩하지 아니한 자와 망령된 자 와 아버지를 죽이는 자와 어머니를 죽이는 자와 살인하는 자며 (딤전 1:8-9)

그를 아노라 하고 그의 계명을 지키지 아니하는 자는 거짓말 하는 자요 진리가 그 속에 있지 아니하되(요일 2:4)

그의 계명은 이것이니 곧 그 아들 예수 그리스도의 이름을 믿고 그가 우리에게 주신 계명대로 서로 사랑할 것이니라 그의 계명을 지키는 자는 주 안에 거하고 주는 그의 안에 거하시나 니 우리에게 주신 성령으로 말미암아 그가 우리 안에 거하시는 줄을 아느니라.(요일 3:23-24)

모든 율법은 하나님의 백성인 유대 민족이 꼭 지켜야 할 내용으로 시작되었지만 사회적인 삶을 살아가는 데 필요한 규범이란 점에서 대부분이 불교나 유교의 가르침과도 대동소이한 면이 매우 많다. 따라서 대부분의 법규 내용이 오늘날 불신자不信者들의 삶에도 반드시 지켜야 할 지침이고 교훈이라고 생각된다. 때로는 현실과 전혀 맞지 않는 내용이라고 생각되는 것도 있을 수 있지만 율법은 당시의 문화적인 측면을 고려했던 것이므로 율법의 문자보다는 그 정신에 보다 충실해서 보아야 한다.

가. 폭행에 관한 법

인간이 사회 조직 생활을 하다 보면 각종 폭행 범죄사건을 맞닥뜨리게 되는데 그 범죄를 어떻게 처리해야 할 것인가를 하나님은 모세를 통해 성경에서 구체적으로 가르쳐주고 있다. 율법은 하나님의 백성으로서 당연히 지키며 따라야 할 도리 및 가르침이라는 의미를 갖고 있다. 그 외에 모세와 여호수아를 이은 사사들을 통해서도 수시로 하나님의 명령을 전달하는데 이를 지키지 않을 경우에는 반드시 하나님께서 징벌하셨다.

이를테면 하나님께서는 우리에게 생명을 주셨기 때문에 사람의 목숨을 귀하게 여기지 않거나 낳아 준 부모를 경시하는 불효자들은 사형시키도록 하고 있다. 그럼에도 불구하고 사랑과 용서의 하나님은 인간 생명의 존엄성을 우리에게 가르쳐 주기 위하여 실수로 사람을 죽인 자를 보호하는 도피성까지 마련해 주신다.(신 4:41-42, 신 19:3-7, 수 20:1-9)

상해죄에 대해서는 당한 만큼의 형벌을 원칙으로 하나 보상금으로써도 형벌을 면할 수 있도록 하였다. 이는 소위 동해 보복법同害 報復法이라는 것이다. 즉 '죄는 그 죄에 상응하는 벌을 받아야 한다.'라는 원칙으로서 오늘날의 모든 법치국가가 이를 준용하고 있다고 볼 수 있다. 이 법은 인간의 기본 재산권 보장과 생명의 보존 및 보복의 악순환의 고리를 끊어버리는 공의의 대원칙이라고 할 수 있다. 따라서 이 법의 목적은 당한 대로 복수하라는 것이 아니라 오히려 지나친 보복을 예방함으로써 형벌과 범죄 사이의 균형을 유지하려는 것이라고 이해하여야 한다.

사람을 쳐 죽인 자는 반드시 죽일 것이나 (출 21:12, 레 24:17)
만일 사람이 고의적으로 한 것이 아니라 나 하나님이 사람을 그의 손에 넘긴 것이면 내가 그를 위하여 한 곳을 정하리니 그 사람이 그리로 도망할 것이며 사람이 그의 이웃을 고의로 죽였으면 너는 그를 내 제단에서라도 잡아내려 죽일지니라 자기 아버지나 어머니를 치는 자는 반드시 죽일지니라 사람을 납치한 자가 그 사람을 팔았든지 자기 수하에 두었든지 그를 반드시 죽일지니라 자기의 아버지나 어머니를 저주하는 자는 반드시 죽일지니라 사람이 서로 싸우다가 하나가 돌이나 주먹으로 그의 상대방을 쳤으나 그가 죽지 않고 자리에 누웠다가 지팡이를 짚고 일어나 걸으면 그를 친 자가 형벌은 면하되 그간의 손해를 배상하고 그가 완치되게 할 것이니라 사람이 매로 그 남종이나 여종을 쳐서 당장에 죽으면 반드시 형벌을 받으려니와 그가 하루나 이틀을 연명하면 형벌을 면하리니 그는 상전의 재산임이라 사람이 서로 싸우다가 임신한 여인을 쳐서 낙태하게 하였으나 다른 해가 없으면 그 남편의 청구대로 반드시 벌금을 내되 재판장의 판결을 따라 낼 것이니라. (출 21:13-22)

그러나 다른 해가 있으면 갚되 생명은 생명으로, 눈은 눈으로, 이는 이로, 손은 손으로, 발은 발로, 덴 것은 덴 것으로, 상하게 한 것은 상함으로, 때린 것은 때림으로 갚을지니라.(출 21:23-25, 레 24:19-20, 신 19:21)

그의 이웃을 암살하는 자는 저주를 받을 것이라 할 것이요 모든 백성은 아멘 할지니라.(신 27: 24)

나. 소유주로서의 책임

하나님은 기르는 가축 등 소유물에 의한 또는 소유물에 대한 사고가 났을 경우에 대비해서도 주인의 책임을 형평성의 논리로 자세히 규정해 놓았다. 내용이 매우 상식적인 것을 보면 상식이 법보다 앞선다는 말과 함께 영국에는 왜 성문헌법이 없어도 국가 경영에 문제가 안 되는지 이해가 된다. 내용이 매우 상식적이라는 말은 예를 들어 소는 원래 받는 버릇이 있는 것인데 임자가 단속하지 않으면 그에 대한 책임을 묻고, 소가 사람을 받아서 죽이면 그 소를 반드시 죽이도록 하였다. 또 사람이 구덩이를 파고 그 위험성을 예방하지 않아 소나 나귀가 그 구덩이에 빠지면 구덩이 판 사람이 책임지고 보상하도록 규정하고 있는 것 등을 보면 저절로 고개가 끄덕여지는 매우 상식적이고 타당한 규범이라고 판단된다.

소가 남자나 여자를 받아서 죽이면 그 소는 반드시 돌로 쳐서 죽일 것이요 그 고기는 먹지 말 것이며 임자는 형벌을 면하려니와 소가 본래 받는 버릇이 있고 그 임자는 그로 말미암아 경고를 받았으되 단속하지 아니하여 남녀를 막론하고 받아 죽이면 그 소는 돌로 쳐 죽일 것이고 임자도 죽일 것이며 만일 그에게 속죄금을 부과하면 무릇 그 명령한 것을 생명의 대가로 낼 것이요 아들을 받든지 딸을 받든지 이 법규대로 그 임자에게 행할 것이며 소가 만일 남종이나 여종을 받으면 소 임자가 은 삼십 세겔을 그의 상전에게 줄 것이요 소는 돌로 쳐서 죽일지니라 사람이 구덩이를 열어두거나 구덩이를 파고 덮지 아니하므로 소나 나귀가 거기에 빠지면 그 구덩이 주인이 잘 보상하여 짐승의 임자에게 돈을 줄 것이요 죽은 것은 그가 차지할 것이니라 이 사람의 소가 저 사람의 소를 받아 죽이면 살아 있는 소를 팔아 그 값을 반으로 나누고 또한 죽은 것도 반으로 나누려니와 그 소가 본래 받는 버릇이 있는 줄을 알고도 그 임자가 단속하지 아니하였으면 그는 소로 소를 갚을 것이요 죽은 것은 그가 차지할지니라.(출 21:28-36)

다. 각종 배상 관련 법

도둑을 맞거나 화재를 당했을 경우 등 재산에 관한 분쟁이 일어날 경우에 대비해서도 상세한 지침을 제시하고 있다. 도둑질한 것은 종류에 따라 4~5배를 갚도록 규정하고 있으며 배상할 것이 없으면 몸을 팔아서라도 배상토록 했다. 이렇게 규정한 것을 보면 절대 도둑질을 하면 안 된다는 것을 강조한 것으로 생각된다. 특히 캄캄한 밤에 도둑을 만나 그를 죽이면 정당방위로 인정되어 죄가 성립되지 않는다는 규정은 매우 합리적이라고 판단된다.

그 외에 예기치 않은 사고나 이웃에게 맡긴 동물이나 물건에 대해 사고가 생겼을 경우 등에 대해서도 서로의 다툼을 사전에 방지할 수 있는 명확한 지침을 주고 있다.

사람이 소나 양을 도둑질하여 잡거나 팔면 그는 소 한 마리에 소 다섯 마리로 갚고 양 한 마리에 양 네 마리를 갚을지니라 도둑이 뚫고 들어오는 것을 보고 그를 쳐 죽이면 피 흘린 죄가 없으나 해 돋은 후에는 피 흘린 죄가 있으리라 도둑은 반드시 배상할 것이나 배상할 것이 없으면 그 몸을 팔아 그 도둑질한 것을 배상할 것이요 도둑질한 것이 살아 그의 손에 있으면 소나 나귀나 양을 막론하고 갑절을 배상할지니라 사람이 밭에서나 포도원에서 짐승을 먹이다가 자기의 짐승을 놓아 남의 밭에서 먹게 하면 자기 밭의 가장 좋은 것과 자기 포도원의 가장 좋은 것으로 배상할지니라 불이 나서 가시나무에 댕겨 낟가리나 거두지 못한 곡식이나 밭을 태우면 불 놓은 자가 반드시 배상할지니라 사람이 돈이나 물품을 이웃에게 맡겨 지키게 하였다가 그 이웃집에서 도둑을 맞았는데 그 도둑이 잡히면 갑절을 배상할 것이요 도둑이 잡히지 아니하면 그 집 주인이 재판장 앞에 가서 자기가 그 이웃의 물품에 손 댄 여부의 조사를 받을 것이며 어떤 잃은 물건 즉 소나 나귀나 양이나 의복이나 또는 다른 잃은 물건에 대하여 어떤 사람이 이르기를 이것이 그것이라 하면 양편이 재판장 앞에 나아갈 것이요 재판장이 죄 있다고 하는 자가 그 상대편에게 갑절을 배상할지니라 사람이 나귀나 소나 양이나 다른 짐승을 이웃에게 맡겨 지키게 하였다가 죽거나 상하거나 끌려가도 본 사람이 없으면 두 사람 사이에

성경 속의 리더십 사다리

맡은 자가 이웃의 것에 손을 대지 아니하였다고 여호와께 맹세할 것이요, 그 임자는 그대로 믿을 것이며, 그 삶은 배상하지 아니하려니와 만일 자기에게서 도둑맞았으면 그 임자에게 배상할 것이며 만일 찢겼으면 그것을 가져다가 증언할 것이요 그 찢긴 것에 대하여 배상하지 아니할지니라 만일 이웃에게 빌려온 것이 그 임자가 함께 있지 아니할 때에 상하거나 죽으면 반드시 배상하려니와 그 임자가 그것과 함께 있었으면 배상하지 아니할지니라. 만일 세낸 것이면 세로 족하니라.(출 22:1-15)

라. 남녀 관계와 결혼에 관한 법

'여호와 하나님이 아담에게서 취하신 그 갈빗대로 여자를 만드시고 그를 아담에게로 이끌어 오시니 아담이 이르되 이는 내 뼈 중의 뼈요 살 중의 살이라 이것을 남자에게서 취하였은 즉 여자라 부르리라 하니라. 이러므로 남자가 부모를 떠나 그의 아내와 합하여 둘이 한 몸을 이룰지로다.'(창 2:22-24)라고 기록된 것처럼 하나님은 태초에 사람을 지으시고 혼자 사는 것이 좋지 않다고 하시면서 여자를 창조하시고 둘을 짝 지우시어 생육하고 번성하여 이 땅을 정복하고 이 세상의 모든 생물을 다스리라고 하셨다.(창 1:27-28)

인구가 늘어나면서 남녀 관계가 문란해지자 하나님은 특히 순결을 존중하라는 규례(신 22:19-30)와 함께 남녀 사이의 성관계는 결혼을 전제로 해야 하며, 책임을 져야 함을 강조하고 있다. 여자 집에서 반대할 경우에는 약자인 여자를 보호할 수 있도록 규정하였다.

사람이 약혼하지 아니한 처녀를 꾀어 동침하였으면 납폐금을 주고 아내로 삼을 것이요 만일 처녀의 아버지가 딸을 그에게 주기를 거절하면 그는 처녀에게 납폐*금으로 돈을 낼지니라. (출 22:16-17)

만일 남자가 약혼하지 아니한 처녀를 만나 그를 붙들고 동침하는 중에 그 두 사람이 발견되면 동침한 남자는 그 처녀의 아버지에게 은 오십 세겔을 주고 그 처녀를 아내로 삼을 것이라 그가 그 처녀를 욕보였은즉 평생에 그를 버리지 못하리라.(신 22:28-29)

특히 하나님은 거룩하신 분이시기 때문에 그 백성들

---

* 납폐納幣란 혼인 때, 신랑 집에서 신부 집으로 예물을 보내는 일을 뜻한다.

성경 속의 리더십 사다리

도 거룩해야 되는데 거룩한 삶의 첫 번째 규례가 부도덕한 성행위를 금지하는 것이었다. 따라서 문란한 성관계 특히 짐승과의 관계는 죽이도록 하고 있으며, 여자 혈족에게 가하는 성범죄는 매우 엄격히 금하고 있다. 또 처녀를 욕보였으면 반드시 책임지도록 강조하였다. 후세에서도 성 문란이 하나님께서 가장 혐오하시는 것 중의 하나였다. 사회 지도층을 비롯하여 성적으로 문란한 백성이 늘게 되면 그 나라는 망한다는 것은 역사가 보여주고 있다. 또한 성경은 부부사이 이외의 섹스는 단지 쾌락을 탐하는 행위로 보아 음욕이라고 규정하고 있다.

> 짐승과 행음하는 자는 반드시 죽일지니라.(출 22:19, 레 18:23, 20:15-16 신 27:21)
> 각 사람은 자기의 살붙이를 가까이 하여 그의 하체를 범하지 말라 나는 여호와이니라 네 어머니의 하체는 곧 네 아버지의 하체이니 너는 범하지 말라 그는 네 어머니인즉 너는 그의 하체를 범하지 말지니라.(레 18:6-7)
> 너는 네 아버지의 아내의 하체를 범하지 말라 이는 네 아버지의 하체니.(레 18:8, 20:11, 신 22:30, 27:20)
> 너는 네 자매 곧 네 아버지의 딸이나 네 어머니의 딸이나 집에서나 다른 곳에서 출생하였음을 막론하고 그들의 하체를 범

하지 말지니라.(레 18:9, 20:17, 신 27:22)

네 손녀나 네 외손녀의 하체를 범하지 말라. 이는 네 하체니라 네 아버지의 아내가 네 아버지에게 낳은 딸은 네 누이니 너는 그의 하체를 범하지 말지니라 너는 네 고모의 하체를 범하지 말라 그는 네 아버지의 살붙이니라 너는 네 이모의 하체를 범하지 말라. 그는 네 어머니의 살붙이니라 너는 네 아버지 형제의 아내를 가까이 하여 그의 하체를 범하지 말라 그는 네 숙모니라.(레 18:10-14, 20:19-20)

너는 네 며느리의 하체를 범하지 말라 그는 네 아들의 아내이니 그의 하체를 범하지 말지니라.(레 18:15, 20:12)

너는 네 형제의 아내의 하체를 범하지 말라. 이는 네 형제의 하체니라 너는 여인과 그 여인의 딸의 하체를 아울러 범하지 말며 또 그 여인의 손녀나 외손녀를 아울러 데려다가 그의 하체를 범하지 말라 그들은 그의 살붙이이니 이는 악행이니라 너는 아내가 생존할 동안에 그의 자매를 대려다가 그의 하체를 범하여 그로 질투하게 하지 말지니라 너는 여인이 월경으로 불결한 동안에 그에게 가까이 하여 그의 하체를 범하지 말지니라 너는 네 이웃의 아내와 동침하여 설정하므로 그 여자와 함께 자기를 더럽히지 말지니라.(레 18:16-20, 20:18,21)

'하체를 범하지 말라'는 것은 '성관계를 갖지 말라',

즉 '간음하지 말라'는 뜻이다.

너는 여자와 동침함 같이 남자와 동침하지 말라 이는 가증한 일이니라.(레 18:22, 20:13)

만일 어떤 사람이 다른 사람과 정혼한 여종 곧 아직 속량되거나 해방되지 못한 여인과 동침하여 설정하면 그것은 책망을 받을 일이니라 그러나 그들은 죽임을 당하지는 아니하리니 그 여인이 해방되지 못하였기 때문이니라.(레 19:20상)

네 딸을 더럽혀 창녀가 되게 하지 말라 음행이 전국에 퍼져 죄악이 가득할까 하노라.(레 19:29)

누구든지 남의 아내와 간음하는 자 곧 그의 이웃의 아내와 간음하는 자는 그 간부와 음부를 반드시 죽일지니라.(레 20:10)

누구든지 아내와 자기의 장모를 함께 데리고 살면 악행인즉 그와 그들을 함께 불사를지니 이는 너희 중에 악행이 없게 하려 함이니라.(레 20:14, 신 27:23)

위의 내용에서는 '하체를 범하지 말라'는 용어로 여기에서는 '동침하지 말라'는 용어를 사용했지만 결국 사회적, 관습적으로 용납되지 않는 성적문란 죄를 범한 자는 반드시 죽이라고 하였다. 소위 가정파괴범이기 때문이다. 최근 우리나라 헌법재판소에서 간통죄를 위헌으로 판시했는데 이는 성에 대한 개인의 자유와 여성들의 평등권 주장 차원의 문제가 아니라, 오히려 정상적인 가정을 보호하기 위한 차원에서 간통죄는 있어야 하는 것이 아닌가 생각해본다.

그 옛날 구약시대에도 남성간의 동침이나 짐승들과의 교합 행위가 있었나 보다. 예나 지금이나 성적 문란 행위는 매우 커다란 사회적 문제가 되고 있기 때문에 법으로 금하는 것이다. 최근에 세계적으로 동성 간의 결혼을 인간의 자유와 성적 평등을 이유로 법으로 인정하는 국가가 많은데 결혼의 근본 목적을 되새겨 볼 필요가 있다.

그리고 인척간의 성관계는 엄격히 금지하여 그와 같은 죄를 범하면 자손이 끊어질 것이라고 추가적으로 엄히 경고하셨다. 혈통 보존이라는 명분하에 동서양을 막론하고 역사적으로 왕족들이 근친결혼을 하기도 하였지만, 유전학적으로도 좋지 않은 관습으로 현대에 와서는 행해지고 있지 않다. 더군다나 근친상간은 더더욱 금기시 되는 죄악으로 성경 여러 곳에서 언급되어지고 있다. 뿐만 아니라 월경 중의 성관계도 엄격히 금하고 있다.

또 하나 눈여겨볼 것이 있는데 다른 사람과 결혼하기로 되어있는 여종을 범하면 책망받을 일로 바람직하지 않다는 것일 뿐 남자가 죽임을 당할 정도가 아니라는 말씀은 그 당시는 종에 대한 확실한 소유권(재산권)이 인정된 사회였기 때문이라고 생각한다.

레위기 20장에서와 마찬가지로 신명기에서도 가정파괴범은 반드시 죽여야 한다고 말씀하고 계신다. 특이한 것은 힘없는 여자가 어쩔 수 없이 강간당했을 경우에는 남자만 죽이도록 하였다. 전쟁을 하기 위해 인구조사를 할 때는 여자들을 포함시키지 않고 있지만(남성우월주의자들은 이 말을 오해하여 여자는 사람 축에도 끼지 못하였다고 말하기도 한다.) 여성에 대한 배려는 현대보다도 더 강력했다고 볼 수 있다.

어떤 남자가 유부녀와 동침한 것이 드러나거든 그 동침한 남자와 그 여자를 둘 다 죽여 이스라엘 중에 악을 제할지니라 처녀인 여자가 남자와 약혼한 후에 어떤 남자가 그를 성읍 중에서 만나 동침하면 너희는 그들을 둘 다 성읍 문으로 끌어내고 그들을 돌로 쳐 죽일 것이니 그 처녀는 성안에 있으면서도 소리 지르지 아니하였음이요 그 남자는 그 이웃의 아내를 욕보였음이라 너는 이같이 하여 너희 가운데에서 악을 제할지니라 만일 남자가 어떤 약혼한 처녀를 들에서 만나서 강간하였으면 그 강간한 남자만 죽일 것이요 처녀에게는 아무 것도 행하지 말 것은 처녀에게는 죽일 죄가 없음이라 이 일은 사람이 일어나 그 이웃을 쳐 죽인 것과 같은 것이라 남자가 처녀를 들에서 만

난 까닭에 그 약혼한 처녀가 소리 질러도 구원할 자가 없었음이니라.(신 22:22-27)

성경은 아내의 간통을 밝히는 절차까지도 적시하고 있으며(민 5:12-31), 순결을 지키는 문제 즉 성도덕에 대하여도 자세히 규정하고 있다.(신 22:13-29) 이혼과 재혼 문제에 있어서는 아래와 같이 매우 합리적인 규정을 정하고 있다. 이혼의 결정권은 남자가 가졌으나 아무렇게나 쫓아내지 않았으며 아내의 결함을 발견하고 싫어하게 될 경우에는 이혼증서를 써주도록 하고 있다. 여자가 다른 남자와 재혼한 경우, 다시 전 남편과 재결합하는 것을 금한 것은 이혼이 신중히 이루어져야 함을 강조한 것으로 이해된다.

사람이 아내를 맞이하여 데려온 후에 그에게 수치 되는 일이 있음을 발견하고 그를 기뻐하지 아니하면 이혼 증서를 써서 그의 손에 주고 그를 자기 집에서 내보낼 것이요 그 여자는 그의 집에서 나가서 다른 사람의 아내가 되려니와 그의 둘째 남편도 그를 미워하여 이혼 증서를 써서 그의 손에 주고 그를 자기 집에서 내보냈거나 또는 그를 아내로 맞이한 둘째 남편이 죽었다 하자 그 여자는 이미 몸을 더럽혔은즉 그를 내보낸 전남편이 그를 다시 아내로 맞이하지 말지니 이 일은 여호와 앞에 가증한 것이라 너는 네 하나님 여호와께서 네게 기업으로 주시는 땅을 범죄 하게 하지 말지니라.(신 24:1-4)

또 약혼한 사람이나 새로이 아내를 맞이한 사람은 군대에 보내지 말 것과 하나님의 영광된 백성을 번식시키기 위해 가장 중요한 남성의 주요 부위는 함부로 해치지 못하게 금하고 있다. 하나님은 자손들의 번식을 매우 영광스러운 하나님의 은혜로 여기셨다.

여자와 약혼하고 그와 결혼하지 못한 자가 있느냐 그는 집으로 돌아갈지니 전사하면 타인이 그를 데려갈까 하노라 하고(신 20:7)

사람이 새로이 아내를 맞이하였으면 그를 군대로 내보내지 말 것이요 아무 직무도 그에게 맡기지 말 것이며 그는 일 년 동안 한가하게 집에 있으면서 그가 맞이한 아내를 즐겁게 할지니.(신 24:5)

두 사람이 서로 싸울 때에 한 사람의 아내가 그 치는 자의 손에서 그의 남편을 구하려 하여 가까이 가서 손을 벌려 그 사람의 음낭을 잡거든 너는 그 여인의 손을 찍어버릴 것이고 네 눈이 그를 불쌍히 여기지 말지니라.(신 25:11-12)

마. 사회적 약자를 위한 보호법

사랑과 자비의 하나님께서는 출애굽 전의 학대받던 생활을 기억하여 사회적 약자를 보호하고 배려하도록 지시하시고 이러한 행위에 대해 세부적으로 규정하고 있다. 한편, 역적죄 등을 범할 시에 삼족을 멸했던 우리와는 달리 아무리 죽을죄를 지었어도 아버지와 자식을 한꺼번에 죽이지 못하게 하였다.

> 너는 이방 나그네를 압제하지 말며 그들을 학대하지 말라. 너희도 애굽 땅에서 나그네였음이라 너는 과부나 고아를 해롭게 하지 말라 네가 만일 그들을 해롭게 하므로 그들이 내게 부르짖으면 내가 반드시 그 부르짖음을 들으리라 나의 노가 맹렬하므로 내가 칼로 너희를 죽이리니 너희의 아내는 과부가 되고 너희 자녀는 고아가 되리라 네가 만일 너와 함께 한 내 백성 중에서 가난한 자에게 돈을 꾸어 주면 너는 그에게 채권자 같이 하지 말며 이자를 받지 말 것이며 네가 만일 이웃의 옷을 전당 잡거든 해가 지기 전에 그에게 돌려보내라 그것이 유일한 옷이라 그것이 그의 알몸을 기릴 옷인즉 그가 무엇을 입고 자겠느냐 그가 내게 부르짖으면 내가 들으리니 나는 자비로운 자임이니라.(출 22:21-27, 신 24:10-13)

너는 네 이웃을 억압하지 말며 착취하지 말며 품꾼의 삯을 아침까지 밤새도록 네게 두지 말며 너는 귀먹은 자를 저주하지 말며 맹인 앞에 장애물을 놓지 말고(레 19:12-13상)

곤궁하고 빈한한 품꾼은 너희 형제든지 네 땅 성문 안에 우거하는 객이든지 그를 학대하지 말며 그 품삯을 당일에 주고 해 진 후까지 미루지 말라 이는 그가 가난하므로 그 품삯을 간절히 바람이라. 그가 너를 여호와께 호소하지 않게 하라 그렇지 않으면 그것이 네게 죄가 될 것임이라 아버지는 그 자식들로 말미암아 죽임을 당하지 않을 것이요. 자식들은 그 아버지로 말미암아 죽임을 당하지 않을 것이니, 각 사람은 자기 죄로 말미암아 죽임을 당할 것이니라 너는 객이나 고아의 송사를 억울하게 하지 말며 과부의 옷을 전당 잡지 말라.(신 24:14-17)

맹인에게 길을 잃게 하는 자는 저주를 받을 것이라 할 것이요(신 27:18상)

여호와께서는 약자를 위하여 7년을 주기로 하여 그 마지막 해에는 빚을 면제해 주도록 규정하셨다.

매 칠 년 끝에는 면제하라 면제의 규례는 이러하니라. 그의 이웃에게 꾸어준 모든 채주는 그것을 면제하고 그의 이웃에게나 그 형제에게 독촉하지 말지니 이는 여호와를 위하여 면제를 선포하였음이라.(신 15:1-2)

성경은 또 밭이나 과수원에서 결실을 거둘 때 남은 것은 가난한 자와 고아와 과부를 위해 그냥 남겨 두라고 지시하셨다.

너희 땅의 곡물을 벨 때에 밭모퉁이까지 다 베지 말며 떨어진 것을 줍지 말고 그것을 가난한 자와 거류민을 위하여 남겨 두라 나는 너희의 하나님 여호와이니라.(레 23:22)

네가 밭에서 곡식을 벨 때에 그 한 뭇을 밭에 잊어버렸거든 다시 가서 가져오지 말고 나그네와 고아와 과부를 위하여 남겨 두라 그리하면 네 하나님 여호와께서 네 손으로 하는 모든 일에 복을 내리시리라 네가 감람나무를 떤 후에 그 가지를 다시 살피지 말고 그 남은 것은 객과 고아와 과부를 위하여 남겨두며 네가 네 포도원의 포도를 딴 후에 그 남은 것을 다시 따지 말고 객과 고아와 과부를 위하여 남겨두라.(신 24:19–21)

사회적 약자를 위한 보호법은 이 율법을 어겼을 경우의 처벌 규정이 없다는 것이다. 그럼에도 불구하고 유대인들은 지금도 이 율법을 관습적으로 지키고 있다. 예를 들어 미국에 새로 이민 오는 유대인이 있으면 그 지역 기존 유대인들이 추렴해서 이자 없이 장사 밑천을 대준다고 한다. 그 유대인은 또 다음에 오는 유대인에게 똑같이 하여 유대인 사회를 이끌어가는 것이다.

바. 사회 정의와 복지 관련 법

여호와께서는 다음과 같은 자들을 미워하셨다. 교만한 눈, 거짓된 혀, 무죄한 자의 피를 흘리는 손, 악한 계교를 꾀하는 마음, 빨리 악으로 달려가는 발, 거짓을 말하는 망령된 증인, 형제 사이를 이간하는 자를 미워하셨는데(잠 6:16-19), 이러한 것들이 사회를 어지럽히는 요소가 되기 때문이었다. 여호와께서는 사회 정의와 복지 실현을 위하여 여러 면에서 올바른 도덕 윤리와 공평무사한 개인의 처신을 규정하고 있다. 즉 송사를 이기기 위해 위증과 부당한 증언을 금지시키고, 가난한 자의 송사도 정의롭게 하도록 강조하였으며, 뇌물은 밝은 자의 눈을 어둡게 하는 것으로 규정하여 금하고 있다.

너는 거짓된 풍설을 퍼뜨리지 말며 악인과 연합하여 위증하는 증인이 되지 말며 다수를 따라 악을 행하지 말며 송사에 다수를 따라 부당한 증언을 하지 말며 가난한 자의 송사라고 해서 편벽되이 두둔하지 말지니라 네가 만일 네 원수의 길 잃은 소나 나귀를 보거든 반드시 그 사람에게로 돌릴지며 네가 만일 너를 미워하는 자의 나귀가 짐을 싣고 엎드러짐을 보거든 그것을 버려두지 말고 그것을 도와 그 짐을 부릴지니라 너는 가난한 자의 송사라고 정의를 굽게 하지 말며 거짓 일을 멀리 하며 무죄한 자와 의로운 자를 죽이지 말라.

나는 악인을 의롭다 하지 아니 하겠노라 너는 뇌물을 받지 말라 뇌물은 밝은 자의 눈을 어둡게 하고 의로운 자의 말을 굽게 하느니라 너는 이방 나그네를 압제하지 말라 너희가 애굽 땅에서 나그네 되었었은즉 나그네의 사정을 아느니라.(출 23:1-9)

너는 재판을 굽게 하지 말며 사람을 외모로 보지 말며 또 뇌물을 받지 말라 뇌물은 지혜자의 눈을 어둡게 하고 의인의 말을 굽게 하느니라 너는 마땅히 공의만을 따르라. 그리하면 네가 살겠고 네 하나님 여호와께서 네게 주시는 땅을 차지하리라. (신 16:19-20)

맹인에게 길을 잃게 하는 자는 저주를 받을 것이라 할 것이요 모든 백성은 아멘 할지니라. 객이나 고아나 과부의 송사를 억울하게 하는 자는 저주를 받을 것이라 할 것이요. 모든 백성은 아멘 할지니라.(신 27:18-19)

무죄한 자를 죽이려고 뇌물을 받는 자는 저주를 받을 것이라 할 것이요 모든 백성은 아멘 할지니라.(신 27:25)

또 뜬소문만 가지고 재판을 해서는 안 되었으며, 판결을 공정하게 하기 위하여 증인을 세울 때는 두 사람 이상을 세워야 하고, 쌍방 모두 증거를 제시해야 했으며 위증자는 엄벌토록 규정하고 있다.

성경 속의 리더십 사다리

너는 자세히 묻고 살펴보아서 이런 가증한 일이 너희 가운데에 있다는 것이 확실한 사실로 드러나면(신 13:14)

죽일 자를 두 사람이나 세 사람의 증언으로 죽일 것이요 한 사람의 증언으로는 죽이지 말 것이며(신 17:6)

사람의 모든 악에 관하여 또한 모든 죄에 관하여는 한 증인으로만 정할 것이 아니요 두 증인의 입으로나 또는 세 증인의 입으로 그 사건을 확정할 것이며 만일 위증하는 자가 있어 어떤 사람이 악을 행하였다고 말하면 그 논쟁하는 쌍방이 같이 하나님 앞에 나아가 그 당시의 제사장과 재판장 앞에 설 것이요 재판장은 자세히 조사하여 그 증인이 거짓 증거하여 그 형제를 거짓으로 모함한 것이 판명되면 그가 그의 형제에게 행하려고 꾀한 그대로 그에게 행하여 너희 중에서 악을 제하라 그리하면 그 남은 자들이 듣고 두려워하여 다시는 그런 악을 너희 중에서 행하지 아니하리라.(신 19:15-20)

하나님은 사회 윤리적 규례를 지키는 것(이삭을 남겨 놓는 것, 도둑질 안 하는 것, 거짓말하지 않는 것, 장애인 괴롭히지 않는 것, 재판을 공정히 하는 것, 원수를 갚지 않는 것, 공정한 저울의 사용 등)이 하나님의 백성으로서 거룩하게 사는 길임을 강조하시고 있다.

너희가 너희의 땅에서 곡식을 거둘 때에 너는 밭모퉁이까지 다 거두지 말고 네 떨어진 이삭도 줍지 말며 네 포도원의 열매를 다 따지 말며 네 포도원에 떨어진 열매도 줍지 말고 가난한 사람과 거류민을 위하여 버려두라 나는 너희의 하나님 여호와이니라 너희는 도둑질하지 말며 속이지 말며 서로 거짓말하지 말며 너희는 내 이름으로 거짓 맹세함으로 네 하나님의 이름을 욕되게 하지 말라 나는 여호와이니라.

너는 네 이웃을 억압하지 말며 착취하지 말며 품꾼의 삯을 아침까지 밤새도록 네게 두지 말며 너는 귀먹은 자를 저주하지 말며 맹인 앞에 장애물을 놓지 말고 네 하나님을 경외하라 나는 여호와이니라 너희는 재판할 때에 불의를 행하지 말며 가난한 자의 편을 들지 말며 세력 있는 자라고 두둔하지 말고 공의로 사람을 재판할지며 너는 네 백성 중에 돌아다니며 사람을 비방하지 말며 네 이웃의 피를 흘려 이익을 도모하지 말라 나는 여호와이니라.

너는 네 형제를 마음으로 미워하지 말며 네 이웃을 반드시 견책하라 그러면 네가 그에 대하여 죄를 담당하지 아니하리라 원수를 갚지 말며 동포를 원망하지 말며 네 이웃 사랑하기를 네 자신과 같이 사랑하라 나는 여호와이니라.(레 19:9-18)

너는 센 머리 앞에서 일어서고 노인의 얼굴을 공경하며(레 19:32상)

거류민이 너희의 땅에 거류하여 함께 있거든 너희는 그를 학대하지 말고 너희와 함께 있는 거류민을 너희 중에서 낳은 자

같이 여기며 자기 같이 사랑하라 너희도 애굽 땅에서 거류민이 되었었느니라.(레 19:33-34상)

땅에는 언제든지 가난한 자가 그치지 아니하겠으므로 내가 네게 명령하여 이르노니 너는 반드시 네 땅 안에 네 형제 중 곤란한 자와 궁핍한 자에게 네 손을 펼지니라.(신 15:11)

너희는 재판할 때나 길이나 무게나 양을 잴 때 불의를 행하지 말고 공평한 저울과 공평한 추와 공평한 에바와 공평한 힌[*]을 사용하라.(레 19:35-36)

너는 네 주머니에 두 종류의 저울추 곧 큰 것과 작은 것을 넣지 말 것이며 네 집에 두 종류의 되 곧 큰 것과 작은 것을 두지 말 것이요 오직 온전하고 공정한 저울추를 두며 온전하고 공정한 되를 둘 것이라. 그리하면 네 하나님 여호와께서 네게 주시는 땅에서 네 날이 길리라.(신 25:13-15)

사회·윤리적으로 특히 부모에 대한 것은 엄격하여 부모를 홀대하는 자는 저주를 받을 것이고, 부모를 저주하는 자는 반드시 죽이라고 말씀하신다.

---

[*] 한 힌은 3.67리터라고 한다.

그의 부모를 경홀히 여기는 자는 저주를 받을 것이라 할 것이요 모든 백성은 아멘 할지니라.(신 27:16)

만일 누구든지 자기의 아버지나 어머니를 저주하는 자는 반드시 죽일지니 그가 자기의 아버지나 어머니를 저주하였은즉 그의 피가 자기에게로 돌아가리라.(레 20:9)

사. 먹을 것과 먹지 못할 것에 대한 규례

하나님이 처음에 사람을 만들고 그에게 에덴동산의 각종 나무 열매는 다 먹되 선악을 알게 하는 나무 열매는 먹지 말라고 지시하셨다. 그리고 노아에게는 노아가 구해준 모든 짐승과 새와 물고기들을 포함하여 산 동물은 먹을 수 있다고 하신 후 다만 그 고기를 피째 먹지는 말라고 이르셨다.

여호와 하나님이 그 사람에게 명하여 이르시되 동산 각종 나무의 열매는 네가 임의로 먹되 선악을 알게 하는 나무의 열매는 먹지 말라 제가 먹는 날에는 반드시 죽으리라 하시니라.(창 2:16-17)

모든 산 동물은 너희의 먹을 것이 될지라. 채소 같이 내가 이것을 다 너희에게 주노라 그러나 고기를 그 생명 되는 피째 먹지 말 것이니라.(창 9:3-4)

세월이 흘러 하나님은 하나님께 드리는 제사를 통해 하나님께 감사할 수 있는 기회를 주고 인간들의 죄를 용서할 수 있는 기회를 제공하시면서 제사 후의 제물에 대한 처리방법을 규정하시고 기름과 피는 먹어서는 안 되는 것으로 규정하시었다. 기름은 생명을 유지시켜 주는 것이며, 피는 생명을 상징하는 것이다. 하나님만이 모든 생명의 주인 되시기 때문에 먹지 말라고 하신 것이다.

> 너희는 기름과 피를 먹지 말라. 이는 너희의 모든 처소에서 너희 대대로 지킬 영원한 규례니라.(레 3:17)
>
> 이스라엘 자손에게 말하여 이르라. 너희는 소나 양이나 염소의 기름을 먹지 말 것이요 스스로 죽은 것의 기름이나 짐승에게 찢긴 것의 기름은 다른 데는 쓰려니와 결단코 먹지는 말지니라 사람이 여호와께 화제로 드리는 제물의 기름을 먹으면 그 먹는 자는 자기 백성 중에서 끊어지리라 너희가 사는 모든 곳에서 새나 짐승의 피나 모슨 피든지 먹지 말라 무슨 피든지 먹는 사람이 있으면 그 사람은 다 자기 백성 중에서 끊어지리라.(레 7:23-27)
>
> 육체의 생명은 피에 있음이라 내가 이 피를 너희에게 주어 제단에 뿌려 너희의 생명을 위하여 속죄하게 하였나니 생명이 이 피에 있으므로 피가 죄를 속하느니라.(레 17:11)

모든 생물은 그 피가 생명과 일체라. 그러므로 내가 이스라엘 자손에게 이르기를 너희는 어떤 육체의 피든지 먹지 말라 하였나니 모든 육체의 생명은 그것의 피인 즉 그 피를 먹는 모든 자는 끊어지리라.(레 17:14)

너희는 무엇이든지 피째 먹지 말며(레 19:26상)

다만 크게 삼가서 그 피는 먹지 말라 피는 그 생명인즉 네가 그 생명을 고기와 함께 먹지 못하리니 너는 그것을 먹지 말고 물 같이 땅에 쏟으라.(신 12:23-24, 15:23)

그리고 육지에 사는 짐승과 물에 사는 것, 새와 곤충 중에서 정한 것과 부정한 것을 규정하여 먹을 수 있는 것을 가려주시었다. 하나님께서 부정한 것을 창조하시지는 않으셨지만 하나님께서 선정한 거룩한 백성들과 이방인들이 마음대로 교류하지 못하도록 먹는 것을 정한 것과 부정한 것으로 구분하셨다는 것이 성경학자들의 견해다. 기본적으로 소, 양, 염소, 사슴, 노루 같은 초식동물은 깨끗한 것으로 간주되어 먹을 수 있다고 하셨지만 스스로 죽은 것이나 들에서 짐승에게 찢긴 동물의 고기는 부정한 것으로 보았다. 오늘날 모두가 하나님 백성이 된 상태에서는 부정한 음식을 가리는 것보다 그리스도 안에서 '정결한 삶'을 사는 것이 더 중요하다고 할 수 있다.

너희는 내게 거룩한 사람이 될지니 들에서 짐승에게 찢긴 동물의 고기를 먹지 말고 그것을 개에게 던질지니라.(출 22:31)

모든 짐승 중 굽이 갈라져 쪽발이 되고 새김질하는 것은 너희가 먹되 새김질하는 것이나 굽이 갈라진 짐승 중에도 너희가 먹지 못할 것은 이러하니 낙타는 새김질은 하되 굽이 갈라지지 아니하였으므로 너희에게 부정하고 사반*도 새김질은 하되 굽이 갈라지지 아니하였으므로 너희에게 부정하고 토끼도 새김질은 하되 굽이 갈라지지 아니하였으므로 너희에게 부정하고 돼지는 굽이 갈라져 쪽발이로되 새김질을 못하므로 너희에게 부정하니 너희는 이런 고기를 먹지 말고 그 주검도 만지지 말라.(레 11:3-8, 신 14:6-8)

물에 있는 모든 것 중에서 너희가 먹을 만한 것은 이것이니 강과 바다와 다른 물에 있는 모든 것 중에서 지느러미와 비늘 있는 것은 너희가 먹되 물에서 움직이는 모든 것과 물에서 사는 모든 것 곧 강과 바다에 있는 것으로서 지느러미와 비늘 없는 모든 것은 너희에게 가증한 것이라.(레 11:9-10, 신 14:9-10)

지느러미와 비늘 없는 모든 것은 뱀장어, 새우, 오징

---

* 사반: 바위 너구리나 바위 오소리를 일컬음(한국에는 없는 동물)

어, 조개류 등을 일컬으며, 구약 시대에는 부정한 것이라 하여 먹지 않았다고 한다.

또 스스로 죽은 것이나 들짐승에게 찢겨 죽은 것을 먹은 모든 자는 본토인이나 거류민이거나 그의 옷을 빨고 물로 씻을 것이며 저녁까지 부정하고 그 후에는 정하려니와(레 17:15, 22:8상)
정한 새는 모두 너희가 먹으려니와(신 14:11, 20) 새 중에 너희가 가증히 여길 것은 이것이라⋯ 박쥐니라.(레 11:13-19, 신 14:12-18)

새 중에서는 독수리에서부터 박쥐까지 부정하다고 생각되는 것만 나열하고 있다.

날기도 하고 기어 다니기도 하는 것은 너희에게 부정하니 너희는 먹지 말 것이니라.(신 14:19)
날개가 있고 네발로 기어 다니는 모든 곤충은 너희가 혐오할 것으로되 다만 날개가 있고 네 발로 기어 다니는 모든 곤충 중에 그 발에 뛰는 다리가 있어서 땅에서 뛰는 것은 너희가 먹을지니.(레 11:20-21)

곤충은 다리가 여섯 개이나 고대 사람들은 곤충이 뛸

때 사용하는 큰 뒷다리 두 개는 다리로 계산하지 않았다고 한다.

> 땅에 기어 다니는 모든 길짐승은 가증한즉 먹지 못할지(레 11:41)
> 너희는 너희의 하나님 여호와의 성민이라 스스로 죽은 모든 것은 먹지 말 것이나 그것을 성중에 거류하는 객에게 주어 먹게 하거나 이방인에게 파는 것은 가하니라 너는 염소 새끼를 그 어미의 젖에 삶지 말지니라.(신 14:21)

아. 기타 삶에 대한 지혜와 윤리에 대한 규례

레위기에서는 기타 건강과 관련하여 피부병에 대한 규례(레 13:2-46), 의복이나 가죽에 생기는 곰팡이에 대한 규례(레 13:47-59), 환자가 정결하게 되는 날의 규례(레 14:2-32), 집에 생기는 곰팡이에 대한 규례(레 14:33-57), 몸에 유출병(몸의 피부에서 고름이 흘러나오는 병)이 있을 때의 규례(레 15:2-18), 여인이 유출할 때의 규례(레 15:19-33) 등에 대하여 자세하게 규정하고 있다.

여호와께서는 하다못해 아들이 없는 집안의 상속권 문제에 대한 규례(민 27:1-11)와 시집 간 여자의 유산에 대한 규례(민 36:2-9), 여자 포로를 아내로 삼는 규정(신 21:10-14),

장자의 상속권(신 10:15-17), 패역한 아들에게 내리는 벌(신 10:18-21), 전리품 분배에 대한 지침(민 31:26-30)뿐 아니라, 만일 죽을죄를 범한 사람을 죽여 나무 위에 달더라도 그 시체를 나무 위에 밤새도록 두지 말 것(신 21:22-23)까지 규정하셨다.

이외에도 냉장고가 없던 시절에 부패한 음식을 먹지 않도록 특별히 배려한 규례나 동성연애 같은 그 당시 사회에서는 극히 변태적인 성 범죄를 방지하기 위하여 여자는 남자 의복을 남자는 여자 의복을 입지 말라고 한 규정도 있었다.

제사 드린 고기를 밤을 지내 아침까지 두지 말 것이며 (신 16:4)
여자는 남자의 의복을 입지 말 것이요 남자는 여자의 의복을 입지 말 것이라 이같이 하는 자는 네 하나님 여호와께 가증한 자이니라.(신 22:5)

3. 말씀을 듣고 지켜 행할 시 얻게 되는 축복

하나님은 하나님께서 말씀하신 규례와 법도를 지켜 행하면 온갖 복을 주시고 자손과 기르는 가축의 번성, 풍성한 양식과 함께 원수들을 물리치게 해주시는 것은 물론, 질병도 걸리지 않게 하시어 여호와의 성민聖民이 되게 하시겠다고 말씀하셨다. 아래에 소개한 레위기에서 뿐만 아니라 신명기(7:12-15, 28:1-14, 30:3-10, 16)에서도 말씀을 지켜 얻게 될 축복을 자세히 기록하고 있다.

너희가 내 규례를 행하며 내 법도를 지켜 행하라. 그리하면 너희가 그 땅에 안전하게 거주할 것이라.(레 25:18)

너희가 내 규례와 계명을 준행하면 내가 너희에게 철따라 비를 주리니 땅은 그 산물을 내고 밭의 나무는 열매를 맺으리라 너희의 타작은 포도 딸 때까지 미치며 너희의 포도 따는 것은 파종할 때까지 미치리니 너희가 음식을 배불리 먹고 너희의 땅에 안전하게 거주하리라 내가 그 땅에 평화를 줄 것인즉 너희가 누울 때 너희를 두렵게 할 자가 없을 것이며 내가 사나운 짐승을 그 땅에서 제할 것이요 칼이 너희의 땅에 두루 행하지 아니할 것이며 너희의 원수들을 쫓으리니 그들이 너희 앞에서 칼에 엎드러질 것이라.

또 너희 다섯이 백을 쫓고 너희 백이 만을 쫓으리니 너희 대적들이 너희 앞에서 칼에 엎드러질 것이며 내가 너희를 돌보아 너희를 번성하게 하고 너희를 창대하게 할 것이며 내가 너희와 함께 한 내 언약을 이행하리라 너희는 오래 두었던 묵은 곡식을 먹다가 새 곡식으로 말미암아 묵은 곡식을 치우게 될 것이며 내가 내 성막을 너희 중에 세우리니 내 마음이 너희를 싫어하지 아니할 것이며 나는 너희 중에 행하여 너희의 하나님이 되고 너희는 내 백성이 될 것이니라.(레 26:3-12)

반대로 하나님의 규례와 계명을 준행하지 않을 시 가해지는 하나님의 징벌도 레위기(26:16-43), 신명기(28:15-68, 30:17-18)에 하나님의 법도를 지켜 얻게 될 축복보다 더 많은 내용을 자세히 기록하고 있다. 그만큼 구약시대에서는 율법을 지켜야만 유대 민족이 단결하여 삶을 온전하고 평화롭게 살 수 있음을 강조한 것이라고 생각된다.

제2부

선지자들의
리더십을 통한 교훈

성경에는 모세로부터 수많은 사사, 예언자, 대제사장, 왕, 선지자, 예수님과 그 제자들 등의 지도자들이 나온다. 이들 중 성경 속 최고의 리더는 '예수 그리스도'이다. 예수님 리더십의 가장 큰 특징은 수많은 비유를 통한 설득력 있는 가르침과 솔선수범적인 행동이다. 또한 예수는 흠 없는 리더로 우리를 대속해 주시기 위해 자기 목숨까지 바친 하나님의 독생자로서 神이며 인간의 구원을 위해 꼭 필요한 본질적인 내용을 말씀으로 전해 주신 계시자라고 할 수 있다.

신약 성경의 대부분은 이러한 예수님의 가르침을 담고 있다. 따라서 예수님의 리더십은 이 장에서 다루지 않고 제3부에서 그의 가르침 내용까지 포함하여 성경 전체에서 추려낸 우리 삶을 윤택하게 만드는 리더십 덕목들과 함께 제시 할 것이다.

예수님을 제외하고 단연 으뜸은 구약에 나오는 모세다. 모세 외에 리더로서 거명될 수 있는 사람은 여호수아, 사무엘, 다윗, 솔로몬, 엘리야, 히스기야, 느헤미아, 에스라, 이사야, 예레미야,

다니엘과 같은 구약 시대의 선지자들과, 왕들 그리고 신약의 저자 들인 바울과 예수님의 제자들을 꼽을 수 있을 것이다. 제2부에서는 리더십 덕목을 구체적으로 소개할 수 있는 모세와 다윗 그리고 느헤미아 세 사람의 리더십만 언급하려고 한다.

1. 모세의 리더십

모세는 이스라엘의 역사서이자 하나님의 말씀을 전한 율법서인 구약 성경의 첫 부분에 해당하는 창세기부터 민수기까지의 저자로서 대민족이 된 이스라엘 백성을 이끈 최초의 지도자이다.

하나님은 모세에게 자신을 '스스로 있는 자'라고 소개하셨으며 '여호와'(히브리어로 존재한다는 의미로 성경학자들은 '언제나 영원토록 임재하시는 분'의 의미가 정확하다고 함)라고 하라고 말씀하셨다. 뿐만 아니라, 모세는 하나님과 친구와 이야기하듯이 말씀을 나눈(출 33:11) 유일한 지도자였다. 그는 건강했다. 그래서 힘든 임무도 수행 가능했고 하나님이 지정한 인간 수명 120세까지 살았다. 이러한 것들이 모세를 이스라엘 역사에서 가장 위대한 리더로 만들었다고 생각된다.

가. 카리스마를 지닌 만능의 해결사였다

그는 레위 가족의 아들로 태어나 애굽 공주의 양자로 입양되었으며(소위 왕족이 됨), 장성한 후에 애굽인을 죽이고 바로를 피해 살고 있었다. 하나님은 그를 직접 부르시고 명령하여 이스라엘 백성을 애굽으로부터 이끌어내어 약속의 땅으로 인도할 것을 지시하셨다. 때문에 하나님은 애굽에 대해 행한 10가지 재앙들과 이스라엘 백성들이 홍해를 건너고 애굽 군대를 모두 수장 시키는 일들이 가능하도록 모세에게 많은 능력을 주셨다.(창 4, 7, 8, 9, 10, 11, 12, 14 장) 모세는 여호와께서 대면하시던 유일한 자이며 최초의 선지자이기 때문에 모세 이후 모세와 같은 선지자가 일어나지 못하였다.(신 34:10)

사람들은 능력이 출중한 리더를 경외하며, 그를 존경하고, 그에게 복종하게 되어있다. 소위 카리스마가 쌓인다. 하나님은 모세에게 능력의 지팡이까지 주었으며, 큰 권능과 위엄을 온 이스라엘의 목전에서 행하게 함(신 34:12)으로써 그의 카리스마를 높여주었다.

모세는 하나님과 직접 통했기 때문에 백성들이 바라는 것이면 무엇이든 하나님께 간구하여 그것을 해결해 주었다. 즉 마라의 쓴 물을 단 물로 변하게 하였고(출 15:23-26), 이스라엘 민족의 끼니 걱정을 만나와 메추라기로 해결해 주었으며(창 16장) 반석에서 물이 나오게 하였다.(출 17:2-6) 뿐만 아니라, 백성들 사이에 벌어지는 모든 송사를 해결하였다.(출 18:13-26)

과거의 리더들은 해결사 노릇을 하였다. 개인 또는 집단 간의 모든 문제의 해결은 리더의 몫이었다. 해결 능력이 없는 리더는 조직 구성원들이 철저하게 따르지 않는다. 현대에 있어서도 해결사인 리더에게는 믿고 따르는 조직원이 늘어나게 되어있다.

나. 역사상 가장 온유한 사람이었다

출애굽 이후 많은 기적을 보고도 상황이 어려워지면 줄곧 원망하는 이스라엘 백성들을 하나님은 더 이상 참을 수 없어 전염병으로 쳐서 멸하시겠다고 하신다.(민수기 14:11-12) 모세 역시 긴 시간동안 이스라엘 백성을 이끄느라 지치고 염증을 느꼈을 법한데도 하나님의 마음을 바꾸기 위해 간절한 기도를 올렸다.(민 14:19) 모세의 이 기도는 하나님의 진노로부터 이스라엘 백성을 구했다. 이와 같이 지도자로서 온유함을 잃지 않았던 모세도 므리바 물가에서 물로 인해 원망하는 백성을 향해 순간 화를 참지 못해 하나님의 영광을 가림으로써 가나안 땅에는 들어가지 못하고 그 땅을 바라보는 느보 산에서 죽었다.

만약 모세가 가나안에 들어갔다면 아마 틀림없이 이스라엘 백성에게 기리 기억되는 신과 같은 존재가 되었을 것이다. 권력 유지가 중요한 것이 아니라 자기 백성을 살리기 위해 자기 몸을 돌보지 않고 간절히 기도하는 온유함을 가진 지도자가 있다면 누가 그를 따르지 않겠는가?

다. 정이 많고 겸손한 사람이었다

모세는 장성하여 애굽 사람이 자기 족속인 히브리 사람을 치는 것을 보고 그를 쳐 죽였으며, 히브리인끼리 싸우는 것까지 간섭하는 사람이었다.(출 2:11-13)

또 하나님이 그를 불러 이스라엘 백성을 애굽인의 손에서 건져내는 임무를 부여하자 자기의 부족함을 들어 사양하였다. 하나님은 이적을 직접 보이시며 모세를 설득하였으나 모세가 "오, 주여! 보낼 만한 자를 보내소서!"(출 4:14)라고 사양할 정도로 겸손한 사람이다. 결국에는 하나님께서 노하시며 아론을 붙여 모세를 달랬다.(출 4:14-16)

자기 백성의 학대를 못 참고, 백성끼리의 다툼은 말려야 직성이 풀리는 정 많은 사람으로서 무한한 영광인 하나님의 부르심도 능력 부족을 이유로 사양하는 겸손함이 백성들이 믿고 따르게 만드는 모세의 리더십이었다.

라. 각종 규례를 제정하여 공표하고 감독하였다

모세는 하나님의 말씀을 받아 대규모로 변한 백성들이 공동생활을 하며 지켜 행하여야 할 각종 규례는 물론 각종 제사에 관한 규정과 성막 제작까지 세부적으로 공표하고 감독하였다.(출 20–31장, 레 1–27장)

리더는 조직을 안전하게 이끌어나가는 데 필요한 각종 규정을 공의롭게 정하고, 그 시행을 감독하여야 한다. 리더는 규정을 지켜 백성을 감독하고 위반 시엔 엄격히 징벌해야 리더의 위엄을 세울 수가 있고 조직을 원만히 이끌어나갈 수 있는 것이다. 역사적으로도 리더가 스스로 정한 규정을 위반하여 민심이 이반하는 경우는 매우 많았다. 모세 시대에는 하나님의 계시를 받아 모세 혼자 모든 것을 규정하였지만 현대에 와서는 조직원들 또는 조직원들이 뽑은 대표들이 서로 논의하여 규범을 정한다.

마. 강한 인내력의 소유자로서 매우 성실하고 철저한 사람이었다

아말렉과 싸울 때 모세가 팔을 들면 이스라엘이 이기고 손을 내리면 아말렉이 이기므로 모세는 팔이 피곤해도 아론과 훌이 양 손을 붙들어 해가 지도록 손이 내려오지 않게 하여 아말렉을 쳐서 무찔렀다는 내용은(출 17:8–13)

　　　　　　　　성경 속의 리더십 사다리

모세의 극한에 이르는 인내력을 보여주고 있다.

또한 성막을 지을 때 성막 건축에 필요한 물자의 명세서가 아주 상세하게 기록된 것을 보면 모세는 매우 성실하고 철저한 사람이었음을 알 수 있다.(출 38:21-31)

리더가 인내력을 발휘해야 백성도 어려움에 처할 때 인내로서 난관을 함께 헤쳐나갈 수 있다. 한편, 리더의 계획은 그를 따르는 사람들에게 지대한 영향을 미치게 되므로 어떠한 일을 계획할 때는 빈틈없는 기획력을 보여야 한다. 계획이 주먹구구식이라던가 철저하지 못하면 조직원들은 점차 조직에서 이탈하여 통제가 불가능하게 된다.

바. 백성을 사랑하되 죄인에 대해서는 엄격하였다

모세가 시내산에 올라가 하나님께서 주신 증거판을 들고 내려올 때 백성들은 그동안을 못 참고 금송아지 우상을 만들어 그것을 예배하며 제물을 드리는 죄를 범했다. 여호와께서 노하시어 그들을 진멸하고자 했을 때 모세는 여호와께 그 화를 백성에게 내리지 않도록 간절히 간구하여 여호와의 뜻을 돌이키게 하였지만 방자한 백성에 대한 처벌은 확실하게 하였다.(출 32장) 또 계속되는 이스라엘 백성의 불순종에 대해 당장 진멸하시겠다는 하나

님께 백성들의 죄를 사해달라고 간절히 기도하여 백성을 구하였다.(민 14:11-20)

조직원이 없는 리더는 존재가치가 없다. 조직원의 잘못도 리더의 잘못된 통제 탓이라고 할 수 있으므로 결국에는 리더로서의 책임을 면할 수 없는 것이다. 따라서 리더는 조직원들이 잘 따를 수 있도록 그들을 아끼고 사랑해야 하며, 리더로서의 책임을 지고 조직을 이끌어나가야 한다.

한편, 조직원의 잘못도 리더의 책임이지만 리더가 책임진다고 조직원의 잘못을 그냥 적당히 무마시켜서는 리더의 권위가 서지 않는다. 리더로서의 신상필벌은 모든 역사적 기록에서도 강조되어 왔다. 리더는 조직원을 사랑하고 사기 진작을 위한 칭찬에 인색해서도 안 되지만 조직원의 사기 진작과 아울러 규정을 무시하는 조직원들을 엄격히 처벌할 줄도 알아야 한다.

사. 인류 최초로 권한을 위임하여 백성을 이끌어나갔다

모세는 백성들의 모든 일을 지시하고 잘잘못을 가려주는 지도자 겸 재판관이었으며, 대표자였다. 따라서 번성해 나가는 백성들의 일을 혼자 처리할 수 없어 장인 이드로의 조언대로 각 지파에서 선정하는 자를 수령으로 임

명하여 재판할 때에 필요한 지침까지 들려주었다.(출 18:13-26, 신 1:9-18)

리더는 조직이 커갈수록 권한 위임을 적절히 함으로써 하위 리더들을 통하여 조직을 관리할 줄 알아야 한다. 모든 일이 리더 자신이 아니면 안 된다는 사고는 자만의 표현이며 능률적인 업무수행을 오히려 방해하게 된다.

아. 사전에 적에 대한 정보를 수집하여 작전을 펼쳤다

모세는 여호와의 지시대로 각 지파에서 한 사람씩 선발하여 약속의 땅 가나안을 정탐하도록 한 것만 아니라 정탐할 세부 내용까지도 직접 지시하였다.(민 13:1-20)

'지피지기면 전투에서 승리가 위태롭지 않다'라는 말이 있듯이 경쟁되는 조직과의 싸움에서 이기기 위해 리더는 상대방의 정보를 가능한 한 더 많이 수집할 수 있는 제반 방책을 마련하고 대책을 강구하여야 한다. 현대에서의 정보 수집은 조직원을 통한 정보 수집은 물론, IT 기술의 발달과 함께 다양하고 고도화된 정보 수집 능력이 요구되므로 리더는 이를 키우고 활용할 줄 알아야 한다.

2. 다윗의 리더십

다윗의 이름은 구약성경에 거의 800번, 신약성경에 60번이나 언급되고 있다. 다윗은 그만큼 유명하고 그의 삶은 우리에게 많은 교훈을 주고 있다. 다윗은 사울에 이어 유다(이스라엘)의 두 번째 왕이 되지만 실질적으로는 유다 왕국 건설의 시조와 같은 존재다. 그는 시편 150편 가운데 저자가 밝혀진 100편 중 73편이나 쓴 시인이며, 수많은 전쟁을 통해 주변의 적들을 평정하고 내적으로는 행정 조직을 개편하여 나라의 안정을 공고히 다진 인물이다.

우리아의 아내를 범하고 우리아를 전쟁에서 죽게 만든 큰 죄도 짓고(삼하 11장) 자식들의 범죄를 확실하게 처리하지 못해(삼하 13:1-39) 자식에게 쫓겨 다니기도 했지만 이스라엘 역사상 가장 위대한 왕 중의 한 사람임에는 틀림없다. 다윗이 범한 부끄러운 잘못들 때문에 고난도 당하

성경 속의 리더십 사다리

지만 여호와께서는 주께 순종하고 의롭게 사는 다윗을 어여삐 여기시고 그를 위대하게 하셨으며(삼하 7:9), 다윗의 나라가 영원히 견고하리라는 약속(삼하 7:16)을 하셨다. 그렇기 때문에 예수님도 다윗의 자손으로 계보가 이루어지는 것이라고 생각된다. 이스라엘은 국기 가운데에 다윗 왕의 별을 그려 넣어 역사상 가장 위대한 왕으로 존경하고 있다.

가. 담대한 용기를 지녔다

소년 시절에 블레셋의 거인 골리앗이 나타나자 이스라엘 모든 사람이 그 사람을 보고 심히 두려워하였으나 다윗은 감히 그와 맞서 돌을 물매로 던져 그를 죽일 만큼 담대한 용기를 가진 자였다.(삼상 17:24, 49) 사울에게 쫓길 때도 자신의 피신처가 사울에게 노출되는 위험을 무릅쓰고 블레셋 군대와 싸워 그일라 사람들을 구출했다.(삼상 23:1-5)

플라톤은 "용기는 마땅히 두려워해야 할 것을 아는 내재된 소신이다."라고 말했다. 다윗은 하나님만이 두려워해야 할 존재임을 알았기 때문에 하나님이 합당하게 생각하시는 일이라면 두려워하지 않았다. 다윗의 이러한 용기는 백성을 따르게 만든 원동력이었다.

나. 약속을 반드시 지켰다

사울의 후계자인 아들 요나단은 왕권 승계를 포기하고 자기 집에서 인자함을 영원히 끊지 말라고 요구하는 대신 다윗은 요나단의 충성을 요구하는 언약을 맺는다.(삼상 20:8-16) 고대 근동의 국가들은 왕조가 바뀔 때 이전 왕가를 완전히 멸족시키는 관례가 있었지만 다윗은 후에 이 약속을 지켜서 요나단의 아들 므비보셋을 자기 아들과 같이 왕자처럼 대하였다.(삼하 9:6-13) 자기를 죽이려고 했던 사울의 자손까지도 품는 다윗의 인간적인 리더십은 백성들에게 큰 신뢰를 주었다.

그 뒤에 므비보셋의 종 시바의 모함에 다윗은 므비보셋의 재산을 시바에게 주도록 성급하게 결정하고(삼하 16:4) 다시 므비보셋을 만나 자기의 잘못을 인정하고 수정하는 차원에서 시바와 밭을 나누라(삼하 19:29)는 결정을 하는 우를 범하기도 하지만 이것은 약속을 안 지킨 것과는 다르다고 생각한다.

기브온에 생긴 삼 년 기근이 사울이 과거에 기브온 사람들을 죽인 것 때문이므로 사울의 자손 일곱을 목매어 달겠다는 기브온 사람들의 요구에 다윗은 요나단과의 언약을 기억하고 그의 아들 므비보셋을 제외하고 다른 자손 일곱을 보낸다.(삼하 21:1-9)

하나님은 결코 약속을 가벼이 여기지 않으신다. 진실한 성도가 아니라도 지킬 의사가 없는 약속은 아예 하지 말아야 한다. 약속을 했으면 반드시 지켜야 되기 때문이다. 약속을 지킨다는 것은 신의가 있음을 의미한다. 신의는 인간과 인간이 사회적으로 존립하게 해주는 사회규범의 기본으로서 남에게 말을 할 때 책임을 지는 일이다. 실천을 전제로 하는 것이다. 역사상 신의를 저버린 리더가 성공한 적은 한 번도 없다.

다. 관용과 사랑으로 백성에게 덕을 보였다

다윗은 사울에게 쫓겨 다닐 때 사울을 죽일 수 있었음에도 두 번씩이나 그를 살려주는 관용을 베풀어 원수 사울까지도 감복시켰다. 첫 번째는 사울이 굴속에 있을 때 다윗은 사울의 겉옷 자락만 베고 해하지 않았다.(삼상 24:2-7) 두 번째는 사울이 광야 앞 하일라 산 길가에 있을 때 다윗은 광야에 있다가 사울이 자는 틈에 그의 창과 물병만 몰래 가져오고 사울을 살려준다.(삼상 26:7-12) 결국 사울은 다윗을 더 이상 해하려 하지 않겠다고 다짐한다.(삼상 26: 21) 다윗은 하나님이 기름 부은 자를 자기가 죽여서는 안 된다는 원칙을 지켜 여호와께서 처분을 맡김으로써 자기 자신의 손으로 피를 흘리지 않고 사울을 섬기던 장군들까지 포용할 수 있었으며, 악을 선으로 갚는 덕을 보여준 것이다.

다윗을 죽이려고 하던 사울과 그의 아들 요나단의 사망소식에 크게 비통해하였으며(삼하 1:1-16) 사울과 요나단을 위해 '활의 노래'라는 애가까지 지어 부른다.(삼하 1:17-32) 또한 사울이 죽자 사울의 장군이던 아브넬은 사울의 아들 이스보셋을 다윗 왕에 대항하는 왕으로 추대한 후 세가 여의치 않음을 알고 다윗에게 항복했을 때도 다윗은 그를 용서하고 편히 보냈다.(뒤에 다윗의 장군인 요압이 그를 살해하긴 했지만….)

다윗의 아들 압살롬이 반역을 도모하였을 때도 그를 너그러이 대우하라(삼하 18:5)고 하였으나 그가 죽임을 당하자 다윗은 아들의 죽음 소식을 듣고 '내가 너를 대신하여 죽었다면' 하고 슬피 울어 백성들도 슬퍼하게 만들었다.(삼하 18:32-19: 2) 이와 같이 다윗은 또 다시 백성들의 심금을 울리는 덕을 보여줌으로써 백성들로 하여금 신뢰를 얻었다.

다윗이 블레셋 사람들과 대치하고 있을 때 적진의 베들레헴 성문 곁 우물물을 마시고 싶다고 하자 세 용사가 적진을 뚫고 들어가 우물물을 길어 가지고 왔다. 다윗은 이 물이 자기 개인을 위하여 용사들이 목숨을 걸고 갔던 사람들의 피라고 하며 마시지 아니하고 여호와께 부어 드리며 다시는 자기를 위하여 결단코 이런 일을 하지 않겠다고 다짐한다.(삼하 23:14-17, 역상 11:16-19) 이것은 다윗의 부하 사랑에 대한 리더십을 엿볼 수 있는 장면이다.

리더가 반드시 갖추어야 할 리더십 요소는 덕德이다. 덕은 인자함과 포용력, 자비심, 사랑 등과 비견되는 말이다. 백성들은 덕을 베푸는 리더를 마음으로부터 따르게 되어있다.

그러나 덕과 어정쩡한 문제 해결은 엄연히 다르다. 다윗의 아들 암논이 이복 자매인 다말을 성폭행했다는 사실을 알았을 때 다윗은 심히 노하기만 하였지, 특별한 조치를 하지 않고 방치했었다. 압살롬이 다말의 문제로 암논을 살해했을 때도 우유부단한 사랑과 징계로 결국 압살롬에게 반역의 실마리를 제공하게 되어 심각한 결과를 초래하기도 하였다고 성경은 가르쳐주고 있다.(삼하 13:10-18:33)

라. 모든 일을 공평하게 처리하였다

다윗은 자기들의 처자식이 아말렉 사람들에게 사로잡혀간 소식을 듣고 급하게 그들을 추격하였으므로 일부는 피곤하여 도저히 함께 가지 못하게 되자 이백 명을 머물게 하고 계속 추격하여 아말렉 사람들을 진멸하고 잃은 것 없이 많은 전리품을 획득하였다. 다윗과 함께했던 자들이 전투에 끝까지 참여하지 못한 사람들에게는 전리품을 주지 않으려 하자 다윗은 여호와께서 우리에게 주신 것이라고 하며 그들을 달랬다. 다윗은 전리품을 전투에 참여하지 못한 사람들에게까지 공평하게 나누어주어 후대 이스라엘의 율례와 규례로 삼았다.(삼상 30:21-25)

인간은 누구나 자기 이익을 추구하는 존재이기 때문에 백성은 리더가 자기들에게 손해되는 행동을 하지 않는지 항상 눈여겨보고 있다. 리더가 공평성을 유지하기 위해서는 사리사욕이나 사사로운 감정을 버려야 한다. 백성은 공평한 리더를 믿고 따른다. 리더의 공평성은 부하들의 신뢰를 획득할 수 있는 필수조건이다.

마. 죄를 뉘우치고 회개할 줄 알았다

다윗은 우리아의 아내 밧세바의 외모에 반하여 동침하고 우리아를 최전선에 보내 죽게 만드는 죄를 범하였다.(삼하 11:1-25) 그는 침대의 요가 젖을 정도로 눈물로 회개 기도했으며(시편 6편), 그 일을 왕으로서 아무도 모르게 덮을 수도 있었으나 나단 선지자가 그 일로 책망하였을 때 그것을 하나님의 책망으로 받아들이고 철저히 회

개하였다.(시편 51편)

　그의 범죄로 밧세바의 몸에서 난 아들도 그의 범죄 때문에 죽었다. 여호와가 그 아들을 칠 때 다윗은 심히 아픈 마음에도 불구하고 금식하고 죽은 아이를 위하여 하나님께 간구하였으나 아들은 결국 죽었다. 다윗은 여호와의 징계를 받아들이며 여호와를 경배했다.(삼하 12:15-23, 시 51편)

　다윗은 또 자만심에 빠져 더욱 강한 나라를 세우기 위하여 징병 자료에 필요한 인구 조사를 실시하였으나(이는 하나님께 의지하는 것보다 사람의 숫자에 의지한 잘못으로) 후에 자책하고 하나님께 용서를 간구한다.(삼하 24:10, 대상 21:8, 17) 시편의 7대 참회 시(시 6, 32, 38, 51, 102, 130, 143편)에서도 볼 수 있듯이 다윗은 자신의 죄를 뉘우치고 철저히 회개하는 사람이었다.

　하나님은 우리가 언제든지 회개하고 다시 돌아오기를 기다리신다. '주기도문'에서도 "우리가 우리에게 잘못한 사람을 용서하여 준 것 같이, 우리 죄를 용서하여 주시고"라고 기도하도록 가르치고 계신다. 자신의 죄를 뉘우치고 회개하는 리더가 되어야 한다. 그래야만 자기를 따르는 사람들의 사소한 잘못을 용서할 수 있다. 그러한 리더를 사람들은 믿고 따르는 법이다.

바. 겸손했다

다윗은 아들 압살롬에 쫓겨 예루살렘에서 도망하여 변방 마지막 성인 벧메르학에 이르자 자기를 따르는 백성들과 모든 신하들을 먼저 탈출시킨다.(삼하 15:17-20) 또한 다윗이 쫓겨 바후림에 이르러서는 사울의 친족 중 하나인 시므이의 저주를 받았을 때에 그가 자기를 저주하는 것은 여호와의 뜻이라고 수하인 아비새에게 그를 죽이지 말라고 말린다.(삼하 16:5-13) 이러한 사실들은 다윗이 여호와 앞에 매우 겸손한 사람임을 증명한다.

겸손한 사람이란 공손하면서도 성실하고 희생적이며 헌신적인 사람을 일컫는다. 겸손한 사람은 악을 선으로 바꾸며, 자기의 양심에 비추어보아 잘못한 것을 반성하고 죄를 뉘우칠 줄 아는 사람이다. 겸손한 리더는 공功을 조직 구성원에게 돌리고 잘난 척하지 않기 때문에 구성원 모두가 그를 신뢰하며 목숨을 다하여 따른다.

사. 확고한 통치철학을 가졌다

다윗은 사회학자 David Riesman의 말처럼 "사람의 생각에 휘둘리지 않는 궁극적인 삶의 기준(하나님)이 있었다." 다윗은 어려움에 처하면 하나님의 뜻을 묻고 응답받았으며,(삼상 23:10-13, 삼상 30:8, 삼하 5:23-25) 항상 하나님의 말씀에 순종하고, 하나님을 송축하였다.(삼상 25: 32, 39) 또 하나님의 궤를 예루살렘으로 모시고(삼하 6:2-17, 대상 13:2-14, 15: 14-16:1) 정해진 모든 일에 감사와 찬양을 드리는 등 하나님의 말씀과 율법 안에서 통치하려고 하였다. 이러한 다윗을 여호와께서는 기뻐하시고 다윗이 어디로 가든지 이기게 하셨다.(삼하 8:6, 14) 하나님의 말씀과 율법 안에서 백성을 통치하려는 것이 다윗의 통치철학이었다.

진정으로 유능한 리더는 조직이 나아가야 할 확고한 비전을 제시함으로써 구성원이 조직을 위해 헌신할 수 있는 동기를 부여한다. 비전은 조직 구성원 스스로에게 강렬한 욕구나 욕망을 일어나게 하여 리더가 바라는 대로 조직 구성원이 자발적으로 적극 따를 수 있도록 자극한다. 이 비전이 통치자에게는 통치철학이 되는 것이다.

아. 기도하는 삶을 살았다

다윗은 위험과 고난에 처했을 때나 죄를 지었을 때 뿐 아니라, 감사할 일이 있을 때 등 필요할 때마다 수시로 항상 주님께 기도하면서(삼하 7:18-29, 대상 17:16-27) 하나님의 구원을 간구하며 용서를 빌었고 찬미하였다. 그 내용은 시편 150편 중 절반 이상인 80여 편이 다윗이 지은 기도와 찬미 시인 것을 보면 알 수 있다.

리더는 어떠한 어려움이 닥치더라도 포기하지 않고 조직원을 이끌어 나갈 수 있는 인내력과 끈기를 겸비하여야 한다. 믿음의 리더는 자기의 부족함을 하나님께 의지하여 간절히 기도함으로써 모든 것을 해결할 수 있다. 이루어질 것을 믿지 못하는 사람은 간구하는 기도를 드릴 생각조차 못한다. 간절히 구해봐야 헛것이라는 생각이 지배하기 때문이다. 간절히 구하는 마음은 기도로 표현된다. 따라서 간절히 기도하면 모든 것이 이루어진다. 기도로서 모든 것이 해결되면 감사와 찬미는 저절로 나오는 것이다.

자. 정의와 공의로 다스렸다

다윗은 아말렉 사람이 사울 왕의 왕관과 팔찌를 가져온 것을 보고 사울 왕이 죽은 것으로 판단하여 슬피 울며 여호와의 기름 부은 자를 죽였다고 그 아말렉 사람을 죽였다.(삼하 1: 1-16) 또 사울의 아들 이스보셋의 군 지휘관 둘이 이스보셋의 목을 베어 가지고 왔을 때도 그들을 악인으로 평가하여 죽였다.(삼하 4:5-12) 이와 같이 다윗은 이스라엘 백성을 정의와 공의로 다스려(삼하 8:15, 왕상 18:14) 백성들의 원망을 들을 만한 일을 하지 않았다.

플라톤은 정의를 리더의 가장 중요한 자질이라고 말

했다. 리더가 조직을 정의와 공의로 다스린다는 것은 조직 구성원의 지지를 바탕으로 민주적이며 공명정대하고 일관성 있게 업무를 추진한다는 것이다. 지도자가 권모술수를 쓰지 않고 솔선하여 정도를 걸으면 백성들도 그 정도正道를 정의로 받아들일 것이며 부정한 일을 저지를 엄두도 못 낼 것이다.

차. 감사하는 삶을 살았다

다윗은 무슨 일이 생길 때마다 여호와께 감사함으로써 주를 기뻐하고, 즐거워하며, 찬송하며 살았다.(삼하 23:50, 대상 16:7-8, 34, 29:13, 시 9:1-2, 18:49, 30:4, 12, 57:9, 105:1, 106:1, 106:47, 138:1)

범사에 감사할 줄 아는 리더는 지혜롭고 정의로우며 겸손하다. 세상은 감사할 줄 아는 사람의 것이라는 말도 있다. 감사하는 삶은 자신감을 주고 불평을 없게 하며 긍정적인 삶으로 이끌어 스스로 행복을 창조할 수 있게 되기 때문이라고 생각한다. 리더가 다른 사람의 잘못을 탓하기 전에 항상 감사하면 조직 구성원들도 리더를 따라 감사하는 삶을 살게 되어있으며, 그런 조직의 구성원은 행복을 느끼고 조직은 계속 발전하게 되어있다.

3. 느헤미야의 리더십

느헤미야는 페르시아 제국 아닥사스다 왕의 술 관원으로 충성되고 유능한 관리였을 뿐 아니라, 제3차 포로귀환의 인솔자이며, 유다 총독을 맡아 예루살렘 성벽을 중수하였다. 그는 하나님의 거룩한 이스라엘 백성들에게 가장 훌륭한 신앙의 지도자 중 한 사람이었다.

가. 뜨거운 동족애의 소유자였으며 솔선수범하였다

느헤미야는 여호와께 백성들의 죄를 자신의 죄처럼 고백하고(느 1:6-7) 주의 은혜를 구하였다. 또 그가 모시던 아닥사스다 왕께 예루살렘 성읍을 재건할 수 있게 해 달라(느 2:1-5)고 용기를 내어 말할 정도로 하나님의 언약 백성으로서의 긍지와 뜨거운 동족애의 소유자로서 성벽 중수에 백성들의 자발적 참여를 이끌어낼 수 있었다.

성벽 중건 이후에 유다 백성들은 회개 운동과 신앙 부

흥운동을 일으키고 하나님 앞에서 언약하고 백성의 대표자들이 서명함으로써 절정에 달했다. 이 서명하는 일에 총독인 느헤미야가 맨 먼저 모범을 보이자, 제사장들과 방백들이 그 뒤를 따랐다.(느 10:1-27) 그러자 나머지 백성들도 하나님의 율법에 절대 순종할 것을 맹세한다.(느 10:28-39)

리더는 자기 조직구성원에 대한 깊은 애정과 함께 조직이 필요한 일에 대한 열정을 가져야 담대히 요청할 수 있으며, 조직원으로부터 신뢰를 받아 리더가 원하는 일에 대한 협조를 얻을 수 있다.

나. 목표 추진을 위한 기획능력과 추진력이 탁월했다

고대 근동의 지배자들은 유대인들의 성벽 재건을 금지시켰는데 그것은 이스라엘이 과거에 하나의 국가로서 누렸던 강성함을 다시 회복하는 것을 꺼려했기 때문이었다. 이러한 상황에서 느헤미야는 예루살렘 성벽 중건이라는 목표를 세운 후 아닥사스다 왕에게 목숨을 걸고 담대하게 요청하고 예루살렘까지의 안전한 여행 보장과 성벽 중건에 필요한 재목까지 왕의 허가를 조서로 받아 낸다.(느 2:1-8)

예루살렘에 도착해서는 철저한 사전 정찰을 통해 10개의 문과 4개의 망대가 연결된 구조로 되어있는 성벽을 공사 구간별로 나누어 약 40명의 책임자를 임명하고 그들 감독 하에 성전 재건이 차질 없이 진행되도록 하였다. 그는 일을 해나가는 데 필요한 것들을 구체적으로 준비했다.(느 3:1-32) 52일 만에 성벽 중건을 완공한 것을 보면 그는 탁월한 행정가이며 감독자였다. 성전 완공 후에도 대적들의 위협이 계속되었으므로 경비 책임자들을 세워 방비하고, 경비 임무에 필요한 인원 확보를 위해 귀환한 백성들을 예루살렘 성읍에 정착토록 하였다.(느 7:1-72)

예루살렘은 성 둘레가 총 6㎞가 넘었다고 한다. 따라서 성읍 방비에 사람이 부족하여 느헤미야는 백성의 지도자들은 우선적으로 성읍에 거주하게 하고 백성들은 제비뽑아 십분의 일을 예루살렘 성읍에 거주하게 하였으며 자원자도 머물게 했다.(느 11:1-2)

리더는 조직을 이끌어 가기 위한 세부 기획 능력의 소유자여야 하며, 기획한 사항이 반드시 이루어지도록 강력한 추진력을 갖추어야 한다.

다. 주어진 권한을 남용하지 않고 백성들과 동고동락했다.

그는 총독으로서의 정당한 권리까지도 포기하고 솔선수범하여 백성들과 동고동락함으로써(느 5:14-18) 백성들로부터 품성을 인정받았다. 이것은 그가 어떤 난관에도 불구하고 백성과 함께할 인물이라는 믿음을 심어준 결과를 낳았다.

진정한 리더는 권력을 가지고 백성을 좌지우지하는 자가 아니라 백성과 생사고락을 같이하고 백성들 스스로 리더가 원하는 방향으로 따라오도록 이끌어가는 사람이다. 권한은 조직을 이끌어나가는 하나의 방편이므로 너무 권한에 집착하여 조직원을 함부로 대해서는 조직원으로부터 신뢰를 얻을 수 없다. 리더의 가장 중요한 덕목 중의 하나는 조직이 난관에 봉착했을 때 조직원과 함께하는 동고동락하는 것이다. 백성들과 동고동락하는 삶을 살 수 있어야 백성들로부터 존경받고 신뢰를 얻을 수 있다.

라. 담대한 용기를 가진 지혜로운 사람이었다

그는 성벽 건축을 방해하는 갖가지 조롱은 물론, 공격 위험과 함께 심지어 공사 중단 후 집으로 돌아가자는 유혹까지 있었으나 능력의 주님께 의지하여 이를 극복한다.(느 4:1-14) 또 성벽을 건축하여 유다 사람들이 모반하려 한다는 모함 속에 그를 죽이려는 음모도 지혜롭게 극복한다. 그는 현재 하고 있는 일이 옳다는 것을 확신시켜 주었으며 대적들과 타협하지 않고 단호한 자세를 보여주고 난관이 닥쳐왔을 때에도 낙심치 않고 끝까지 하나님을 의뢰했다.(느 6:1-19) 성벽이 완공된 이후에도 느헤미야는 경계심을 늦추지 않았다. 견고한 성벽이 갖추어졌다 해도 성문이 침입자들에게 열려있다면 아무 소용이 없음을 깨닫고 성문의 제 위치에 보초들을 세워 지키도록 했다.(느 7:1-4)

리더는 조직을 위하여 생명을 무릅쓰고 조직원을 보호하여야 하며, 외부 위험과 압력에 담대하게 맞서 싸울 용기가 있어야 한다. 또한 갖은 협박과 모함에서도 벗어날 수 있는 지혜도 갖추어야 한다. 지혜 없는 용기는 만용이다.

마. 탁월한 개혁가였다

그가 성벽 재건을 위해 최선을 다하는 동안 백성들에게 심각한 경제적인 위기가 닥쳐왔다. 그는 그러한 것이 부유층과 지도층 사람들에 의한 사리사욕만 채우려는 행위 때문인 것을 파악하고, 부자들을 책망하여 저당 잡힌 것은 돌려주고 꾸어준 돈의 이자 받기를 그치라는 등의 해결책을 제시한 후 모두 따르도록 했다.(느 5:1-13)

성벽이 완성되자 느헤미야는 다섯 가지 원칙을 세웠다. 첫째, 유대인들의 순수 혈통 유지를 위해 이방인을 축출하였고, 둘째, 암몬 사람 도비야로 인해 더럽혀진 성전을 새롭게 정화하였다. 셋째, 레위인의 직무 회복과 성전 기능의 정상화를 이루고 안식일 제도를 엄격히 규정하였다. 넷째, 이방인과의 결혼도 금지시켰다. 다섯째, 대표자를 뽑아 곳간지기를 삼는 등의 2차 개혁도 단행하였다.(느 13:1-28) 한편, 성벽 중건이 완성되었지만 성전이 있는 성읍 안에서 살려는 사람이 적어 문제가 되자 느헤미야는 제비를 뽑아 예루살렘 거주자들을 선택했다.(느 11:1-2)

조직은 끝없이 변화·발전하는 것이다. 리더는 끊임없이 조직을 개혁하고 발전시킬 방안을 모색해야 한다.

바. 기도하는 사람이었다

느헤미야는 난관에 처하거나 원하는 사항이 생기면 기도로 하나님께 의뢰하였다.(느 1:11, 2:4, 6:9, 14) 그는 언제나 일이 어렵고 시급할 때일수록 먼저 하나님께 기도했다. 기도는 간절히 원하는 목표가 있어야 하며, 그 목표 달성을 위한 열정과 믿음이 있어야 되는 것이다. 느헤미야의 예루살렘 성벽을 재건하려는 목표에 대한 열정과 믿음이 기도로 이루어지고 이스라엘 백성들을 움직일 수 있었다.

다윗의 리더십에서도 강조했지만 확고한 믿음과 열정 없이는 기도하겠다는 의지조차 가질 수 없다. 리더는 자기가 추구하는 조직의 목표를 완수하기 위한 열정과 목표를 완수하고야 말겠다는 확고한 믿음으로 조직을 위해 간구하여야 한다. '두드려라 그러면 열릴 것이다.'라는 믿음으로 간구하면 무엇이든 이루어지게 되어있다.

성경 속의 리더십 사다리

제3부

삶을 윤택하게 만드는
리더십 덕목들

성경은 이스라엘의 역사인 동시에 앞에서 살펴본 바와 같이 그들의 삶에 필요한 각종 규례를 제시하고 있으며 그 외에도 우리 삶에 필요한 여러 가지 덕목들을 곳곳에서 가르치고 있다. 특히 예수님의 말씀은 우리에게 빛과 진리의 길을 안내해 준다. 신약에서는 삶의 정도를 벗어난 이들과는 사귀지도 말고 함께 먹지도 말라고 강조하고 있다.

이제 내가 너희에게 쓴 것은 만일 어떤 형제라 일컫는 자가 음행하거나 탐욕을 부리거나 우상 숭배를 하거나 모욕하거나 술 취하거나 속여 빼앗거든 사귀지도 말고 그런 자와는 함께 먹지도 말라 함이라.(고전 5:11)

성경 말씀의 근본정신은 사랑과 생명의 소중함, 그리고 형평성이다. 때문에 성경 말씀 중에는 현대의 우리 삶에도 금과옥조金科玉條 같은 내용이 매우 많다. 성경 말씀에 대한 후세 인간들의 생각이 조금씩 달라 해석에 약간의 견해 차이가 있기는 해도 성경 말씀의 근본정신은 모두 인정하고

성경 속의 리더십 사다리

있다. 여기서는 가급적 성경 말씀을 있는 그대로
를 인용하여 우리 삶에 필요한 내용만을 덕목으
로 정리해 보았다. 여기에 제시된 덕목의 순서는
중요한 우선순위가 아니라 성경에 나온 내용의
순서대로 자연스럽게 정리한 것이다.

1. 지혜를 구하라

　지혜 덕목은 솔로몬이 여호와께 다른 어떤 것보다 지혜를 구하였다는 이야기를 통해 성경이 지혜를 얼마나 강조하고 있는지를 나타낸다. 솔로몬이 왕이 된 후 기브온 산당에서 일천 번제를 드렸더니 밤에 여호와께서 그에게 나타나 '내가 네게 무엇을 줄꼬 너는 구하라'라고 했을 때 솔로몬은 백성을 재판하여 선악을 분별하게 할 수 있는 지혜를 구하였다. 하나님은 그에게 장수와 부와 전쟁에서의 승리를 구하지 않고 송사를 듣고 분별하는 지혜를 구하였음을 매우 칭찬하시고 지혜와 함께 부와 재물과 영광까지 주시었다.(대상 3: 4-13, 대하 1: 7-12, 잠 3: 14-15)

　욥기에서는 사람이 땅 속이나 바다에서 금, 은, 수정, 진주, 산호 등 귀한 보석을 캐내고 찾을 수 있으나 그 보석으로 지혜를 살 수는 없다는 설명을 통해 지혜가 보석보다 귀하다는 것을 가르쳐준다.(욥 28:12-19) 그리고 주를 경외하고 악을 떠나는 것이 지혜요, 주를 경외하는 것이 지혜의 근본이라는 것을 말한다.(욥 28:28, 시 111:10, 잠 1:7, 9:10, 미 6:9)

그러나 지혜는 어디서 얻으며 명철이 있는 곳은 어디인고 그 길을 사람이 알지 못하나니 사람 사는 땅에서는 찾을 수 없구나 깊은 물이 이르기를 내 속에 있지 아니하다 하며 바다가 이르기를 나와 함께 있지 아니하다 하느니라 순금으로도 바꿀 수 없고 은을 달아도 그 값을 당하지 못하리니 오빌의 금이나 귀한 청옥수나 남보석으로도 그 값을 당하지 못하겠고 황금이나 수정이라도 비교할 수 없고 정금 장식품으로도 바꿀 수 없으며 진주와 벽옥으로도 비길 수 없나니 지혜의 값은 산호보다 귀하구나 구스의 황옥으로도 비교할 수 없고 순금으로도 그 값을 헤아리지 못하리라.(욥 28:12-19)

또 사람에게 말씀하셨도다 보라 주를 경외함이 지혜요 악을 떠남이 명철이니라.(욥 28:28)

여호와를 경외함이 지혜의 근본이라 그의 계명을 지키는 자는 다 훌륭한 지각을 가진 자이니 여호와를 찬양함이 영원히 계속되리로다.(시 111:10, 잠 1:7, 9:10)

지혜를 얻는 자와 명철을 얻은 자는 복이 있나니 이는 지혜를 얻는 것이 은을 얻는 것보다 낫고 그 이익이 정금보다 나음

이니라.(잠 3:13-14)

지혜는 진주보다 귀하니 네가 사모하는 모든 것으로도 이에
비교할 수 없도다.(잠 3:15, 8:11)

한편, 잠언은 그 자체가 지혜에 관한 성경 말씀이라 하
여도 과언이 아니다. 우선 잠언을 쓴 목적(잠 1:3-4)이 첫째,
지혜롭게, 공의롭게, 정의롭게, 정직하게 행할 일에 대한
훈계이며, 둘째는 어리석은 자를 슬기롭게 하며 젊은 자
에게 지식과 근신함을 주기 위함이라고 되어있다.

잠언은 지혜가 주는 유익(잠 2장)이 다음과 같다고 말하
고 있다. 첫째, 정직한 자를 위한 완전한 지혜 예비와 온
전한 자에게 방패가 됨. 둘째, 정의의 길을 보호하고 성
도들의 길을 보전. 셋째, 공의, 정의, 정직 등 모든 선한
길을 깨닫게 됨. 넷째, 지혜가 마음에 들어가며 지식이
영혼을 즐겁게 함. 다섯째, 근신이 지켜주고 명철이 보호
함. 여섯째, 악한 자의 길과 패역을 말하는 자에게서 건
져냄. 일곱째, 음녀에게서, 말로 호리는 이방 계집에게서
구원함. 여덟째, 선한 자의 길로 행하게 하며 또 의인의
길을 지키게 함.이라고 가르쳐주고 있다.

잠언에 의하면 지혜를 얻은 사람의 유익(잠 3:23-26, 35)
은 다음과 같은 모습으로 나타난다고 한다. 생명과 평안,

편안한 잠, 아무 것도 두려워하지 않음, 발을 지켜 걸리지 않게 함, 영광을 기업으로 받는 것이라고 한다.

그 외에도 지혜가 태초부터 세움을 받았다고 하여 지혜를 천지 창조를 주관하신 하나님 속성의 하나로 이야기하고 있다.(잠 8:22-31), 아래 내용은 성경에서 주로 잠언을 통해 어떤 것이 지혜로운 행동인지를 가르쳐주는 내용이다.

> 지혜가 너를 선한 자의 길로 행하게 하며 또 의인의 길을 지키게 하리니.(잠 2:20)
>
> 스스로 지혜롭게 여기지 말지어다. 여호와를 경외하며 악을 떠날지어다.(잠 3:7)
>
> 지혜로운 자는 영광을 기업으로 받거니와 미련한 자의 영달함은 수치가 되느니라.(잠 3:36)
>
> 지혜를 얻으며 명철을 얻으라 내 입의 말을 잊지 말며 어기지 말라 지혜를 버리지 말라 그가 너를 보호하리라 그를 사랑하라 그가 너를 지키리라 지혜가 제일이니 지혜를 얻으라 네가 얻은 모든 것을 가지고 명철을 얻을 지니라.(잠 4:5-7, 23:23)
>
> 마음이 지혜로운 자는 계명을 받거니와 입이 미련한 자는 멸망하리라.(잠 10:8, 14, 13:3)
>
> 명철한 자의 입술에는 지혜가 있어도 지혜 없는 자의 등을

위하여는 채찍이 있느니라.(잠 10:13, 26:3)

지혜 없는 자는 그의 이웃을 멸시하나 명철한 자는 잠잠하느니라.(잠 11:12)

의인의 열매는 생명나무라 지혜로운 자는 사람을 얻느니(잠 11:30)

자기의 토지를 경작하는 자는 먹을 것이 많거니와 방탕한 것을 따르는 자는 지혜가 없느니라.(잠 12:11)

미련한 자는 자기 행위를 바른 줄로 여기나 지혜로운 자는 권고를 듣느니라.(잠 12:15)

미련한 자는 당장 분노를 나타내거니와 슬기로운 자는 수욕을 참느니라.(잠 12:16, 29:11)

슬기로운 자는 지식을 감추어도 미련한 자의 마음은 미련한 것을 전파하느니(잠 12:23)

지혜로운 자와 동행하면 지혜를 얻고 미련한 자와 사귀면 해를 받느니라.(잠 13:20)

지혜로운 여인은 자기 집을 세우되 미련한 여인은 자기 손으로 그것을 하느니라.(잠 14:1)

미련한 자는 교만하여 입으로 매를 자청하고 지혜로운 자의 입술은 자기를 보전하느니라.(잠 14:3)

지혜로운 자는 두려워하여 악을 떠나나 어리석은 자는 방자하여 스스로 믿느니라.(잠 14:16, 22:3, 27:12)

지혜로운 자의 입술은 지식을 전파하여도 미련한 자의 마음은 정함이 없느니라.(잠 15:7)

지혜를 얻는 것이 금을 얻는 것보다 얼마나 나은고 명철을 얻는 것이 은을 얻는 것보다 더욱 나으니라.(잠 16:16)

지혜로운 자의 마음은 그의 입을 슬기롭게 하고 또 그의 입술에 지식을 더 하느니라.(잠 16:23)

세상에 금도 있고 진주도 많거니와 지혜로운 입술이 더욱 귀한 보배니라.(잠 20:15)

지혜 있는 자는 강하고 지식 있는 힘을 더하나니 너는 전략으로 싸우라 승리는 지략이 많음에 있느니라 지혜는 너무 높아서 미련한 자가 미치지 못할 것이므로 그는 성문에서 입을 열지 못하느니라.(잠 24:5-7)

내 아들아 지혜를 얻고 내 마음을 기쁘게 하라 그리하면 나를 비방하는 자에게 내가 대답할 수 있으리라.(잠 27:11)

지혜를 사모하는 자는 아비를 즐겁게 하여도 창기와 사귀는 자는 재물을 잃느니라.(잠 29:3)

땅에 작고도 가장 지혜로운 것 넷이 있나니 곧 힘이 없는 종류로되 먹을 것을 여름에 준비하는 개미와 약한 종류로되 집을 바위 사이에 짓는 사반과 임금이 없으되 다 떼를 지어 나아가는 메뚜기와 손에 잡힐 만하여도 왕궁에 있는 도마뱀이니라.(잠 30:24-28)

지혜는 유산 같이 아름답고 햇빛을 보는 자[*]에게 유익이 되도다.(전 7:11)

누가 지혜자와 같으며 누가 사물의 이치를 아는 자이냐. 사람의 지혜는 그의 얼굴에 광채가 나게 하나니 그의 얼굴의 사나운 것이 변하느니라.(전 8:1)
스스로 지혜롭다 하며 스스로 명철하다 하는 자들은 화 있을진저(사 5:21)

로마 네로 황제의 스승이며 스토아학파 철학자인 세네카는 '우리가 마음먹은 대로 만들어 갈 수 있는 현실'과 반대로 '절대 변화할 수 없기에 그냥 마음으로 받아들여야 할 현실' 이 두 가지를 구분할 줄 아는 능력이 바로 '지혜'라고 했다. 지혜는 자기의 자녀로 인하여 옳다함을 얻고, 자신을 속이지 말고 오히려 어리석은 자가 되는 것이 지혜로운 자라고 성경은 가르친다. 진정으로 지혜로운 행동은 받아들이는 사람에 의하여 인정받게 되어있다.

지혜는 자기의 모든 자녀로 인하여 옳다 함을 얻느니라.(눅 7:35)

---

* 햇빛을 보는 자는 이 땅에 사는 사람들을 가리킨다고 함.

아무도 자신을 속이지 말라. 너희 중에 누구든지 이 세상에서 지혜 있는 줄로 생각하거든 어리석은 자가 되라 그리하여야 지혜로운 자가 되리라.(고전 3:18)

지혜로운 사람은 남의 빚보증을 서지 않는다. 사람이 거짓말을 하는 것이 아니라 돈이 거짓말을 하기 때문이다. 현대 사회에서도 친한 사람끼리 또는 형제끼리 보증을 서주었다가 경제적으로 파탄을 맞는 경우가 비일비재하다. 성경은 자기가 가진 것 모두를 빼앗길 수 있으니 빚보증을 서지 말라고 가르치고 있다. 우리 속담에 '친구에게 돈을 꾸어주면 친구 잃고 돈 잃는다.'는 말이 있다. 꾸어줄 돈이 없어 대신 빚보증을 서주는 것도 마찬가지다. 아주 친한 친구를 진심으로 도와주고 싶다면 빚보증이나 꾸어주는 대신 자기 능력 범위 내에서 그냥 돈을 주고 친구가 나중에 잘 되어 돈을 되돌려 줄 때까지는 받을 생각조차 안하는 것이 오히려 현명한 방법이다.

남의 빚에 보증을 서지 말라 만일 갚을 것이 네게 없으면 네 누운 침상도 빼앗길 것이라 네가 어찌 그리하겠느냐.(잠 22:26하~27)

2. 분노하여 다투지 말라

영국 속담에 '화를 낼 줄 모르는 사람은 바보고 화를 내지 않는 사람은 현명한 사람이다.'라는 말이 있다. 사람이 전혀 분노하지 않고 살 수는 없다는 말로 이해된다. 분노는 이성을 상실케 하여 모든 다툼의 근원이 된다. 그리고 사람은 상대방의 생각이나 주장이 자신의 그것과 다르면 상대방을 적으로 대하는 경우가 많다. 이때 자제할 줄 알면 모든 것을 원 상태로 돌릴 수 있으나 터뜨리면 재앙으로 이어지고 만다. 십계명의 여섯 번째에 '살인하지 말라'라는 항목이 있다. 이것은 분노를 절제하지 못할 경우 자칫 살인으로 이어질 가능성을 염두에 둔 말이라고 할 수 있다. 그러니 분노와 같은 격한 감정을 절제하는 것이 중요하다.

분노에 대해 석가모니는 '고요한 마음에는 분노가 없다. 스스로 그 목숨의 정열을 제어하고 평등한 지혜

성경 속의 리더십 사다리

의 심정으로 해탈하면 다시는 마음속에 분노가 일지 않는다.'고 말하고 있지만 고요한 마음을 갖고 해탈하기가 쉬운 일이 아니다. 분노는 대개 폭발하는 경향으로 말미암아 앞뒤 안 가리고 다툼에 빠져들게 되어 있는 것이므로 성경에서는 노하기를 더디 하고 노를 품는 자와 사귀지도 말라고 강조하고 있다. 분노하면 말을 함부로 하게 되고 불쾌한 말을 들으면 분노하게 되어있다. 소위 말꼬리를 붙들고 늘어지게 된다. 따라서 '분노하여 다투지 말라'는 덕목은 나중에 언급되는 '말을 함부로 하지 말라'는 덕목과 일부분 궤를 같이 한다.

우리 인간사를 뒤돌아보면 악인이 권력을 장악해 함부로 남용하고 더불어 부귀영화를 누리는 경우가 있고 심지어 존경받는 경우도 있다. 그래서 선하게 사는 사람은 분노하게 된다. 그러나 성경은 악인들은 분명히 심판받게 될 것이며, 그들은 결국 파멸하고 말 것이라고 강조하고 있다. 때문에 행악자들에게까지도 분을 품지 말라고 가르치고 있다. 꼭 분노하지 않더라도 다툼을 멀리하는 것이 사람에게 영광이라고 성경은 가르치고 있다.

분노가 미련한 자를 죽이고 시기가 어리석은 자를 멸하느니라.(욥 5:2)

분을 그치고 노를 버리며 불평하지 말라. 오히려 악을 만들 뿐이라.(시 37:8)

사람이 네게 악을 행하지 아니하였거든 까닭 없이 더불어 다투지 말며(잠 3:30)

미련한 자는 당장 분노를 나타내거니와 슬기로운 자는 수욕을 참느니라.(잠 12:16)

노하기를 속히 하는 자는 어리석은 일을 행하고 악한 계교를 꾀하는 자는 미움을 받느니라.(잠 14:17)

노하기를 더디 하는 자는 크게 명철하여도 마음이 조급한 자는 어리석음을 나타내느니라.(잠 14:29)

분을 쉽게 내는 자는 다툼을 일으켜도 노하기를 더디 하는 자는 시비를 그치게 하느니라.(잠 15:18)

노하기를 더디 하는 자는 용사보다 낫고 자기의 마음을 다스리는 자는 성을 빼앗는 자보다 나으니라.(잠 16:32)

다투는 시작은 물이 새는 것 같은즉 싸움이 일어나기 전에 시비를 그칠 것이니라.(잠 17:14)

노엽게 한 형제와 화목하기가 견고한 성을 취하기보다 어려운즉 이러한 다툼은 산성 문빗장 같으니라.(잠 18:19)

노하기를 더디 하는 것이 사람의 슬기요.(잠 19:11상)

노하기를 맹렬히 하는 자는 벌을 받을 것이라. 네가 그를 건져주면 다시 그런 일이 생기리라.(잠 19:19)

다툼을 멀리하는 것이 사람에게 영광이거늘 미련한 자마다 다툼을 일으키느니라.(잠 20:3)

노를 품는 자와 사귀지 말며 울분한 자와 동행하지 말지니 그의 행위를 본받아 네 영혼을 올무에 빠뜨릴까 두려움이니라.(잠 22:24-25)

너는 행악자들로 말미암아 분을 품지 말며 악인의 형통함을 부러워하지 말라 대리 행악자는 장래가 없겠고 악인의 등불은 꺼지리라.(잠 24:19-20)

너는 서둘러 나가서 다투지 말라 마침내 네가 이웃에게서 욕을 보게 될 때에 네가 어찌할 줄을 알지 못할까 두려우니라.(잠 25:8)

돌은 무겁고 모래도 가볍지 아니 하거니와 미련한 자의 분노는 이 둘보다 무거우니라.(잠 27:3)

노하는 자는 다툼을 일으키고 성내는 자는 범죄함이 많으니라.(잠 29:22)

급한 마음으로 노를 발하지 말라. 노는 우매한 자들의 품에 머무름이니라.(전 7:9)

나는 너희에게 이르느니 형제에게 노하는 자마다 심판을 받게 되고 형제를 대하여 라가* 라 하는 자는 공회에 잡혀가게 되

---

* 라가는 히브리인의 욕설로 '골빈 놈'이란 뜻이라고 한다.

고 미련한 놈이라 하는 자는 지옥 불에 들어가게 되리라.(마 5:22)

분을 내어도 죄를 짓지 말며 해가 지도록 분을 품지 말고 마귀에게 틈을 주지 말라.(엡 4:26-27)

너희는 모든 악독과 노함과 분냄과 떠드는 것과 비방하는 것을 모든 악의와 함께 버리고(엡 4:31)

너는 그들로 이 일을 기억하게 하여 말다툼을 하지 말라고 하나님 앞에서 엄히 명하라 이는 유익이 하나도 없고 도리어 듣는 자들을 망하게 함이라.(딤후 2:14)

주의 종은 마땅히 다투지 아니하고(딤후 2:24상)

내 사랑하는 형제들아 너희가 알지니 사람마다 듣기는 속히 하고 말하기는 더디 하며 성내기도 더디 하라 사람이 성내는 것이 하나님의 의를 이루지 못함이라.(약 1:19-20)

노를 삭이지 못하고 화내는 사람이 언제나 손해를 보게 되어있다. 노를 밖으로 분출하는 행위는 남에게는 물론 자기에게도 상처를 입히는 것이다. 화를 자주 내는 사람에게는 아무도 다가오려 하지 않아서 항상 외롭고 쓸쓸하게 살아갈 수밖에 없기 때문이다. 노하면 형제간에도 송사에 휘말리는 경우가 있다.

성경은 형제간의 일을 판단할 만한 지혜 있는 자가 하

나도 없느냐고 하면서 피차 고발하는 것은 그 자체가 허물이 되므로 차라리 불의를 당하거나 속는 것이 낫다고 가르친다. 또한 법관에게 가기 전에 화해하기를 권하고 있다. 우리 옛 선조들도 송사에 휘말리지 말 것을 당부하는 유언이 많았다고 한다. 송사는 어떤 결론이 나오더라도 만족하기 힘들뿐더러 경제적으로도 타격이 있게 되며 후손들에게까지 두고두고 원수지는 경우도 있게 되기 때문이다. 부득이 송사에 응할 수밖에 없는 상황이라면 민사조정제도를 활용하자.

내가 너희를 부끄럽게 하려 하여 이 말을 하노니 너희 가운데 그 형제간의 일을 판단할 만한 지혜 있는 자가 이같이 하나도 없느냐 형제가 형제와 더불어 고발할 뿐 더러 믿지 아니하는 자들 앞에서 하느냐 너희가 피차 고발함으로 너희 가운데 이미 뚜렷한 허물이 있나니 차라리 불의를 당하는 것이 낫지 아니하며 차라리 속는 것이 낫지 아니하냐.(고전 6:5 –7)

네가 너를 고발하는 자와 함께 법관에게 갈 때에 길에서 화해하기를 힘쓰라 그가 너를 재판장에게 끌어가고 재판장이 너를 옥졸에게 넘겨주어 옥졸이 옥에 가둘까 염려하라.(눅 12: 58)

다투다가 원만히 해결이 안 되거나 일방적으로 억울

한 일을 당했다는 생각이 들면 사람은 상대를 원수처럼 대하고 보복을 하려 하는데 성경은 이를 금지시키고 있다. 원수를 미워하거나 원수에게 보복하지 않고 친절을 베푸는 것이 오히려 그가 회개하도록 만드는 것일 뿐 아니라, 사랑을 실천하는 기본이 되기 때문이다. 보복하지 않으면 나중에는 용서가 따르게 된다. 폭력조직 같은 곳에서나 조직의 발전과 자존심 대결로 보복적 행동이 행해지는 것이지 우리 삶 속에서는 결코 바람직하지 않은 일이다. 성경은 원수를 갚는 것은 하나님의 고유한 일임을 강조하고 있으며(신 32:35, 시 94:1, 롬 12:19), 원수를 사랑하라고 가르치고 있다.

네가 만일 네 원수의 길 잃은 소나 나귀를 보거든 반드시 그 사람에게로 돌릴지며(창 23: 4)

너는 악을 갚겠다고 말하지 말고 여호와를 기다리라 그가 너를 구원하시리라.(잠 20:22)

너는 그가 내게 행함 같이 나도 그에게 행하여 그가 행한 대로 그 사람에게 갚겠다 말하지 말지니라.(잠 24:29)

네 원수가 배고파하거든 음식을 먹이고 목말라하거든 물을 마시게 하라.(잠 25:21)

또 눈은 눈으로, 이는 이로 갚으라 하였다는 것을 너희가 들었으나 나는 너희에게 이르노니 악한 자를 대적하지 말라 누구든지 네 오른편 뺨을 치거든 왼편도 돌려 대며 또 너를 고발하여 속옷을 가지고자 하는 자에게 겉옷까지도 가지게 하며 또 누구든지 너로 억지로 오 리를 가게 하거든 그 사람과 십 리를 동행하고 네게 구하는 자에게 주며 네게 꾸고자 하는 자에게 거절하지 말라.(마 5:38-42)

3. 음행을 행하지 말라

잠언은 음녀의 위험(잠 5:3-6, 6:27-29, 32-33)을 다음과 같이 세부적으로 언급하고 있다. 첫째, 음녀의 입술은 꿀을 떨어뜨리며 그의 입은 기름보다 미끄럽다. 둘째, 나중은 쑥같이 쓰고 두 날 가진 칼같이 날카롭다. 셋째, 그의 발은 사지로 내려가며 그의 걸음은 스올로 나아간다. 넷째, 그는 생명의 평탄한 길을 찾지 못하며 자기 길이 든든하지 못하여도 그것을 깨닫지 못한다. 다섯째, 불을 품거나 숯불을 밟는 것과 같다. 여섯째, 영혼을 망하게 하고 부끄러움을 씻을 수 없게 된다.

한편, 잠언 7장에서는 어리석은 청년이 음녀에게 유혹당하는 과정을 묘사하고, 이런 여인의 함정에 빠지지 않도록 훈계하고 있다. 그 외에도 곳곳에서 음녀와 간음을 경계하고 있다.

대저 음녀의 입술은 꿀을 떨어뜨리며 그의 입은 기름보다 미끄러우나 나중은 쑥같이 쓰고 두 날 가진 칼같이 날카로우며 그의 발은 사지로 내려가며 그의 걸음은 스올로 나아가나니 그는 생명의 평탄한 길을 찾지 못하며 자기 길이 든든하지 못하여도 그것을 깨닫지 못하느니라.(잠 5:3-6)

네 마음에 그의 아름다움을 탐하지 말며 그 눈꺼풀에 홀리지 말라 음녀로 말미암아 사람이 한 조각 떡만 남게 됨이며 음란한 여인은 귀한 생명을 사냥함이니라 사람이 불을 품에 품고서야 어찌 그의 옷이 타지 아니하겠으며 사람이 숯불을 밟고서야 어찌 그의 발이 데지 아니하겠느냐 남의 아내와 통간하는 자도 이와 같을 것이라 그를 만지는 자마다 벌을 면하지 못하리라.(잠 6:25-29)

여인과 간음하는 자는 무지한 자라 이것을 행하는 자는 자기의 영혼을 망하게 하며 상함과 능욕을 받고 부끄러움을 씻을 수 없게 되나니(잠 6:32-33)

대저 음녀는 깊은 구덩이요 이방 여인은 좁은 함정이라.(잠 23:27)

음녀와의 행위뿐 아니라 다른 성적 부정행위도 음행이다. 다윗도 모든 것을 하나님의 뜻에 맞게 행했지만 우리아의 아내 밧세바를 범한 죄가 컸기 때문에 징계를 받았다. 예수님께서는 음욕을 품고 여자를 보는 것도 간음이고, 음행한 이유 없이 아내를 버리면 그로 간음하게 하는 것이며, 버림받은 여자에게 장가드는 자도 간음이라고 하셨다. 그리고 아내를 버리고 다른 데에 장가드는 자도 본처에게 간음을 행함이요, 아내가 남편을 버리고 다른 데로 시집가는 것도 간음을 행하는 것이라 하셨다. 따라서 원칙적으로 이혼을 허락하지 않으셨다. 음행하는 자들은 하나님이 심판하실 것으로 규정하고 있다.

또 간음하지 말라 하였다는 것을 너희가 들었으나 나는 너희에게 이르노니 음욕을 품고 여자를 보는 자마다 마음에 이미 간음하였느니라.(마 5:27-28)

나는 너희에게 이르노니 누구든지 음행한 이유 없이 아내를 버리면 이는 그로 간음하게 함이요 또 누구든지 버림받은 여자에게 장가드는 자도 간음함이니라.(마 5:32, 19:9, 눅 16:18)

이르시되 누구든지 그 아내를 버리고 다른 데에 장가드는 자는 본처에게 간음을 행함이요. 또 아내가 남편을 버리고 다른 데로 시집가면 간음을 행함이니라.(막 10:11-12)

그러므로 만일 그 남편 생전에 다른 남자에게 가면 음녀라. 그러나 만일 남편이 죽으면 그 법에서 자유롭게 되나니 다른 남자에게 갈지라도 음녀가 되지 아니하느니라.(롬 7:3)

구약 레위기에서는 아버지의 아내를 취한 경우에 반드시 죽이라고 규정하고 있음에도 불구하고 그 일 행한 자를 쫓아내지도 않은 사실을 신약 고린도 전서에서는 질책하고 있다.

너희 중에 심지어 음행이 있다함을 들으니 그런 음행은 이방인 중에서도 없는 것이라 누가 그 아버지의 아내를 취하였다 하는 도다 그리하고도 너희가 오히려 교만하여져서 어찌하여 통한히 여기지 아니하고 그 일 행한 자를 너희 중에서 쫓아내지 아니하였느냐.(고전 5:1-2)

우리 몸은 그리스도의 지체이다. 창녀와 합하는 자는 창녀의 지체가 되는 것이다. 즉 음행하는 자는 자기 몸에 죄를 범하는 것이라고 강조하였다.

너희 몸이 그리스도의 지체인 줄을 알지 못하느냐 내가 그리스도의 지체를 가지고 창녀의 지체를 만들겠느냐 결코 그럴 수 없느니라 창녀와 합하는 자는 그와 한 몸인 줄을 알지 못하느냐 일렀으되 둘이 한 육체가 된다 하셨으니 주와 합하는 자는 한 영이니라 음행을 피하라 사람이 범하는 죄마다 몸 밖에 있거니와 음행하는 자는 자기 몸에 죄를 범하느니라.(고전 6: 15-18)

성적인 욕구는 절제하기가 힘든 것이므로 성경은 음행을 피하기 위하여 결혼하라고 권면하고 있다. 따라서 결혼한 남녀가 다른 이성과 성적 관계를 갖는다는 것은 윤리적으로 문제가 될 뿐 아니라 사회 전반에 악영향을 미치는 일이며 하나님을 속이는 행위인 것이다.

음행을 피하기 위하여 남자마다 자기 아내를 두고 여자마다 자기 남편을 두라. 남편은 그 아내에 대한 의무를 다하고 아내도 그 남편에게 그렇게 하라.(고전 7:2-3)

만일 절제할 수 없거든 결혼하라 정욕이 불같이 타는 것보다 결혼하는 것이 나으니라.(고전 7:9)

음행과 온갖 더러운 것과 탐욕은 너희 중에서 그 이름조차도 부르지 말라 이는 성도에게 마땅한 바니라.(엡 5:3)

하나님의 뜻은 이것이니 너희의 거룩함이라 곧 음란을 버리고(살전 4:3)

하나님을 모르는 이방인과 같이 색욕을 따르지 말고(살전 4:5)

모든 사람은 결혼을 귀히 여기고 침소를 더럽히지 않게 하라. 음행하는 자들과 간음하는 자들을 하나님이 심판하시리라.(히 13:4)

간음한 여인들아 세상을 벗된 것이 하나님과 원수 됨을 알지

못하느냐. 그런즉 누구든지 세상과 벗이 되고자 하는 자는 스스로 하나님과 원수 되는 것이니라.(약 4:4)

누가는 사도행전에서 예루살렘 회의에서 결의된 내용을 이방인 신자들에게 보내면서 '음행을 멀리하라'는 것도 포함시켰다.

우상의 제물과 피와 목매어 죽인 것과 음행을 멀리할지니라. 이에 스스로 삼가면 잘되리라. 평안함을 원하노라 하였더라.(행 15:29)

누가가 위에서 말한 바와 같이 음행은 간음뿐만 아니라 온갖 종류의 순결치 못한 성관계를 다 포함하는 것으로 이해해야 한다. 즉 짐승과의 성행위나 동성끼리의 성관계도 음행이다. 제1부의 '남녀관계와 결혼 법'에서 소개했듯이 구약에서는 율법으로 이러한 음행을 엄격히 금지하였지만 신약에서도 여자와 여자끼리 또는 남자와 남자끼리의 부적절한 성관계를 금지하는 내용이 언급되어 있다. 최근에 사회적으로 동성애자들의 권리도 존중되어져야 한다는 목소리가 커지고 있지만 하나님이 이 세상을 창조한 섭리에 맞지 않으므로 성경은 이를 엄격히 금하고 있는 것이다.

여자들도 순리대로 쓸 것을 바꾸어 역리로 쓰며, 그와 같이 남자들도 순리대로 여자 쓰기를 버리고 서로 향하여 음욕이 불 일듯 하매 남자가 남자와 더불어 부끄러운 일을 행하여 그들의 그릇됨에 상당한 보응을 그들 자신이 받았느니라.(롬 1:26하-27)

간음하는 자나 탐색하는 자나 남색하는 자나(고전 6:9)

음행하는 자와 남색하는 자와(미전 1:10상)

성경에서는 음행을 범해서는 안 된다고 강조하면서, 한편으로는 현숙한 여인에 대한 칭찬하는 내용을 통해 음녀의 유혹을 벗어나서 현숙한 여인을 만나 여러 가지 미덕을 배우라고 권면하고도 있다.(잠 31: 10-31)

4. 부지런해야 한다

회사에서 지각이 잦은 사람치고 상사로부터 능력을 인정받는 사람은 없을 것이다. 농사나 자영업을 보더라도 마찬가지다. 게으른 사람이 운이 따른 덕분에 소득을 늘리고 사업을 번창시켰다는 예도 찾아볼 수 없다. 성경도 사람의 부귀는 부지런한 것이라고 가르치고 있으며, 게으름을 경계하면서 잠을 많이 자는 것은 빈궁과 궁핍으로 다가오는 것이라고 강조하고 있다. 그리고 게으름의 폐해와 부지런해야 되는 이유를 여러 곳에서 강조하고 있다. 하다못해 두령도 없고 감독자도 없는 개미의 부지런한 지혜를 얻으라고 가르치고 있다. 현대에 와서도 재주가 부지런함만 같지 못하다는 것이 정설이다.

미국의 초기 유명한 정치가이자 과학자였던 벤저민 프랭클린은 "부지런하지 않고 명예를 얻는 자는 일찍이 없었다."고 말하며 미국을 이끌었었다. 또한 '바쁜 꿀벌은 슬퍼할 겨를이 없다.'는 말도 있다. 부지런하면 내 주변의 온갖 잡념과 고난, 슬픔으로부터도 벗어날 수 있다는 뜻이다.

게으른 자여 개미에게 가서 그가 하는 것을 보고 지혜를 얻으라 개미는 두령도 없고 감독자도 없고 통치자도 없으되 먹을 것을 여름 동안에 예비하며 추수 때에 양식을 모으느니라 게으른 자여 네가 어느 때까지 누워 있겠느냐 네가 어느 때에 잠이 깨어 일어나겠느냐.(잠 6:6-9)

좀 더 자자, 좀 더 졸자, 손을 모으고 누워 있자 하면 네 빈궁이 강도 같이 오며 네 곤핍이 군사 같이 이르리라.(잠 6:10-11, 24:33-34)

손을 게으르게 놀리는 자는 가난하게 되고 손이 부지런한 자는 부하게 되느니라 여름에 가두는 자는 지혜로운 아들이나 추수 때에 자는 자는 부끄러움을 끼치는 아들이니라.(잠 10:4-5)

게으른 자는 그 부리는 사람에게 마치 이에 식초 같고 눈에 연기 같으니라.(잠언 10:26)

유덕한 여자는 존영을 얻고 근면한 남자는 재물을 얻느니라.(잠 11:16)

부지런한 자의 손은 사람을 다스리게 되어도 게으른 자는 부림을 받느니라.(잠언 12:24)

게으른 자는 그 잡을 것도 사냥하지 아니하나니 사람의 부귀는 부지런한 것이니라.(잠 12:27)

게으른 자는 마음으로 원하여도 얻지 못하나 부지런한 자의 마음은 풍족함을 얻느니라.(잠 13:4)

게으른 자의 길은 가시 울타리 같으나 정직한 자의 길은 대로니라.(잠 15:19)

자기의 일을 게을리 하는 자는 패가하는 자의 형제니라.(잠 18:9)

게으름이 사람으로 깊이 잠들게 하나니 태만한 사람은 주릴 것이니라.(잠 19:15)

게으른 자는 자기의 손을 그릇에 넣고서도 입으로 올리기를 괴로워하느니라.(잠 19: 24)

게으른 자는 가을에 밭 갈지 아니 하나니 그러므로 거둘 때에는 구걸할지라도 얻지 못하리라.(잠 20:4)

너는 잠자기를 좋아하지 말라 네가 빈궁하게 될까 두려우니라 네 눈을 뜨라 그리하면 양식이 족하리라.(잠 20:13)

부지런한 자의 경영은 풍부함에 이를 것이나 조급한 자는 궁핍함에 이를 따름이니라.(잠 21:5)

게으른 자의 욕망이 자기를 죽이나니 이는 자기의 손으로 일하기를 싫어함이니라.(잠 21:25)

게으른 자는 말하기를 사자가 밖에 있은즉 내가 나가면 거리

에서 찢기겠다 하느니라.(잠 22:13, 26:13)

문짝이 돌쩌귀를 따라서 도는 것 같이 게으른 자는 침상에서 도느니라. 게으른 자는 그 손을 그릇에 넣고도 입으로 올리기를 괴로워하느니라. 게으른 자는 사리에 맞게 대답하는 사람 일곱보다 자기를 지혜롭게 여기느니라.(잠 26:14-16)

게으른즉 서까래가 내려앉고 손을 놓은즉 집이 새느니라.(전 10:18)

그 주인이 대답하여 이르되 악하고 게으른 종아 나는 심지 않은 데서 거두고 헤치지 않은데서 모으는 줄로 네가 알았느냐 그러면 네가 마땅히 내 돈을 취리하는 자들에게나 맡겼다가 내가 돌아와서 내 원금과 이자를 받게 하였을 것이니라 하고, 그에게서 그 한 달란트를 빼앗아 열 달란트 가진 자에게 주라.(마 25:26-28, 눅 19:22-24)

형제들아 우리 주 예수 그리스도의 이름으로 너희를 명하노니 게으르게 행하고 우리에게서 받은 전통대로 행하지 아니하는 모든 형제에게서 떠나라.(살후 3:6)

게으르지 말라는 말은 일하라는 이야기다. 일의 가치는 부富를 창출하는 자체보다는 돈을 벌어 다른 사람에게 폐를 끼치지 않고 살아갈 수 있게 해주는 데 있다.(개인에게는 풍족함을, 하나님께는 영광을) 일은 땀 흘려 번 돈으로 주님의

성경 속의 리더십 사다리

일을 위해 사용할 수 있게 해주며, 가난하고 소외된 자들을 도와줄 수도 있게 해준다.

우리가 너희와 함께 있을 때에도 너희에게 명하기를 누구든지 일하기 싫어하거든 먹지도 말게 하라 하였더니 우리가 들은 즉 너희 가운데 게으르게 행하여 도무지 일하지 아니하고 일을 만들기만 하는 자들이 있다 하니 이런 자들에게 우리가 명하고 주 예수 그리스도 안에서 권하기를 조용히 일하여 자기 양식을 먹으라 하노라.(살후 3: 10-12)

부지런한 사람은 인내심이 강한 사람이다. 또한 인내심이 강한 사람은 부지런한 사람이다. 인내란 내가 원하는 목표를 뛰어넘을 때까지 지속할 수 있는 정신력을 의미한다. '인내는 쓰나 그 열매는 달다'는 말이 있듯이 성경은 인내하면 모든 것이 부족함이 없게 될 것이며, 특히 선을 행함으로 인하여 고난을 받을 때 이를 참으라고 가르치고 있다. 이 말씀은 곧 하나님이 우리의 인내를 시험하실 때에 적용되는 말이 아닌가 생각된다. 참고 인내하면 하나님께서 온전하고 부족함 없는 삶을 주신다.

내 형제들아 너희가 여러 가지 시험을 당하거든 온전히 기쁘게 여기라 이는 너희 믿음의 시련이 인내를 만들어 내는 줄 너희가 앎이라 인내를 온전히 이루라 이는 너희로 온전하고 구비하여 조금도 부족함이 없게 하려 함이라.(약 1:2-4)

시험을 참는 자는 복이 있나니 이는 시련을 견디어 낸 자가 주께서 자기를 사랑하는 자들에게 약속하신 생명의 면류관을 얻을 것이기 때문이라.(약 1:12)

형제들아 주의 이름으로 말한 선지자들을 고난과 오래 참음의 본으로 삼으라 보라 인내하는 자를 우리가 복되다 하나니 너희가 욥의 인내를 들었고 주께서 주신 결말을 보았거니와 주는 가장 자비하시고 긍휼히 여기시는 이시니라.(약 5:10-11)

죄가 있어 매를 맞고 참으면 무슨 칭찬이 있으리요 그러나 선을 행함으로 고난을 받고 참으면 이는 하나님 앞에 아름다우니라.(벧전 2:20)

선을 행함으로 고난 받는 것이 하나님의 뜻(벧전 3: · 17)이기 때문이다.

5. 말을 함부로 하지 말라

말이 씨가 된다는 말이 있듯이 모든 것은 말대로 이루어진다. 그래서 말을 함부로 하지 말라는 것이다. 말은 파동과 파장으로 우주를 움직이는 놀라운 역사를 보여준다. 전자파가 암을 일으킨다는데 말의 파동은 전자파보다 3,300배나 더 강력하다고 한다. 따라서 선한 말을 하면 선한 에너지가 작용하여 나에게 생명의 샘이 되고, 악한 말을 하면 악한 에너지가 작용하여 나에게 독이 되어 돌아온다.

실제로 화초에게 "사랑해!"라고 하면 죽어가는 식물도 살아나고, 수돗물을 컵에 담고 "좋은 물!"이라고 하면 그 자리에서 성분이 변한다고 한다. 악담하는 엄마의 젖을 먹은 아이는 장애아나 문제아가 되는 확률이 높다. 자식들에게 평소 선한 말과 칭찬을 많이 해줘야 한다는 것도 부모의 말대로 자식이 변화하기 때문이다.

말을 많이 하면 필요 없는 말이 나오게 되어있다. 우리 속담에는 '가만히 있으면 중간은 간다.'는 말도 있다. 우리의 생각은 말로 변화되고 말을 뱉으면 행동으로 변하는 경우가 다반사다. 말은 한번 내뱉으면 다시 주워 담을 수 없다. 성경은 말이 많으면 허물을 면하기 어렵고, 입을 지키는 자는 자기의 생명을 보전한다고 하면서, 말을 억제할 수 있는 능력이 지혜라고 가르쳐준다.

다툼은 말로 시작된다. 남의 말에 끼어드는 것도 화를 자처하는 행위이다.

구부러진 말을 네 입에서 버리며 비뚤어진 말을 네 입술에서 멀리하라.(잠 4:24)

눈짓하는 자는 근심을 끼치고 입이 미련한 자는 멸망하느니라 의인의 입은 생명의 샘이라도 악인의 입은 독을 머금었느니라.(잠 10:10-11)

말이 많으면 허물을 면하기 어려우나 그 입술을 제어하는 자는 지혜가 있느니라 의인의 혀는 순은과 같거니와 악인의 마음은 가치가 적으니라.(잠 10:19-20)

의인의 입은 지혜를 내어도 패역한 혀는 베임을 당할 것이다. 의인의 입술은 기쁘게 할 것을 알거늘 악인의 입은 패역을 말하느니라.(잠 10:31-32)

성경 속의 리더십 사다리

입을 지키는 자는 자기의 생명을 보전하나 입술을 크게 벌리는 자에게는 멸망이 오느니라.(잠 13:3)

미련한 자는 교만하여 입으로 매를 자청하고 지혜로운 자의 입술은 자기를 보전하느니라.(잠 14:3)

유순한 대답은 분노를 쉬게 하여도 과격한 말은 노를 격동하느니라 지혜 있는 자의 혀는 지식을 선히 베풀고 미련한 자의 입은 미련한 것을 쏟느니라.(잠 15:1-2)

온순한 혀는 곧 생명나무이지만 패역한 혀는 마음을 상하게 하느니라.(잠 15:4)

선한 말은 꿀 송이 같아서 마음에 달고 뼈에 양약이 되느니라.(잠 16:24)

말을 아끼는 자는 지식이 있고 성품이 냉철한 자는 명철하니라. 미련한 자라도 잠잠하면 지혜로운 자로 여겨지고 그의 입술은 닫으면 슬기로운 자로 여겨지느니라.(잠 17:27-28)

미련한 자의 입술은 다툼을 일으키고 그의 입은 매를 자청하느니라.(잠 18:6)

남의 말하기를 좋아하는 자의 말은 별식과 같아서 뱃속 깊은 데로 내려가느니라.(잠 18:8, 26:22)

죽고 사는 것이 혀의 힘에 달렸나니 혀를 쓰기 좋아하는 자는 혀의 열매를 먹으리라.(잠 18:21)

두루 다니며 한담하는 자는 남의 비밀을 누설하나니 입술을

벌린 자를 사귀지 말지니라.(잠 20:19)

입과 혀를 지키는 자는 자기의 영혼을 환난에서 보전하느니라.(잠 21:23)

네 이웃과 다투거든 변론만 하고 남의 은밀한 일을 누설하지 말라. 듣는 자가 너를 꾸짖을 터이요, 또 네게 대한 악평이 네게서 떠나지 안 할까 두려우니라.(잠 25:9-10)

길로 지나가다가 자기와 상관없는 다툼을 간섭하는 자는 개의 귀를 잡는 자와 같으니라.(잠 26:17)

타인이 너를 칭찬하게 하고 네 입으로는 하지 말며 외인이 너를 칭찬하게 하고 네 입술로는 하지 말지니라.(잠 27:2)

물에 비치면 얼굴이 서로 같은 것 같이 사람의 마음도 서로 비치느니라.(잠 27:19)

물에 비치면 자기의 얼굴을 알 수 있듯이 말하는 것을 들으면 상대의 마음을 알 수 있다는 뜻이다.

너는 하나님 앞에서 함부로 입을 열지 말며 급한 마음으로 말을 내지 말라 하나님은 하늘에 계시고 너는 땅에 있음이니라. 그런즉 마땅히 말을 적게 할 것이라 걱정이 많으면 꿈이 생기고 말이 많으면 우매한 자의 소리가 나타나느니라.(전 5:2-3)

선한 사람은 마음에 쌓은 선에서 선을 내고 악한 자는 그 쌓

은 악에서 악을 내나니 이는 마음에 가득한 것을 입으로 말함이니라.(눅 6:45)

    하나님께서는 여호와의 이름으로 거짓 맹세를 금하셨으며, 예수님께서도 맹세를 함부로 하지 말라고 하셨다. 한편, 서원(맹세하여 말로 약속한 것)하였으면 반드시 지키도록 하였는데 여호와께 드리기로 서원한 것에 대한 규례는 레위기 27장 2-29절까지, 결혼하지 않은 딸과 아내가 서원한 경우에 어떻게 해야 하는지는 민수기 30장에 세부적으로 가르쳐주고 있다.

    서원하고 갚지 아니하는 것보다 서원하지 아니하는 것이 더 나으니 네 입으로 네 육체가 범죄하게 하지 말라.(전 5:5-6상)
    너희는 내 이름으로 거짓 맹세함으로 네 하나님의 이름을 욕되게 하지 말라 나는 여호와이니라.(레 19:12)
    네 입으로 말한 것은 그대로 실행하도록 유의하라.(신 23:23상)
    나는 너희에게 이르노니 도무지 맹세하지 말지니 하늘로도 하지 말라 이는 하나님의 보좌임이요 땅으로도 하지 말라 이는 하나님의 발등상임이요 예루살렘으로도 하니 말라 이는 큰 임금의 성임이요 네 머리로도 하니 말라 이는 네가 한 터럭도 희고 검게 할 수 없음이라 오직 너희 말은 옳다 옳다, 아니라 아니라 하라 이에서 지나는 것은 악으로부터 나느니라.(마 5:34-37)

내 형제들아 무엇보다도 맹세하지 말지니 하늘로나 땅으로나 아무 다른 것으로도 맹세하지 말고 오직 너희가 그렇다고 생각하는 것은 그렇다 하고 아니라고 생각하는 것은 아니라 하여 정죄 받음을 면하라.(약 5:12)

성경은 어떤 말이 마땅치 아니한 것인지 또 어떤 말을 해야 하는지에 대해서도 가르치고 있다. 아울러 우리는 다 말에 실수가 많으므로 실수가 없는 자라면 온전한 사람이라(약 3:2)고 하면서 혀는 작지만 많은 것을 태우는 불 같은 것이며 능히 길들일 사람이 없다(약 3:5-8)고 함부로 말하는 것을 주의시키고 있다.

무릇 더러운 말은 너희 입 밖에도 내지 말고 오직 덕을 세우는 데 소용되는 대로 선한 말을 하여 듣는 자들에게 은혜를 끼치게 하라.(엡 4:29)

누추함과 어리석은 말이나 희롱의 말이 마땅치 아니하니 오히려 감사하는 말을 하라.(엡 5:4)

누구든지 헛된 말로 너희를 속이지 못하게 하라 이로 말미암

아 하나님의 진노가 불순종의 아들들에게 임하나니(엡 5:6)

너희가 서로 거짓말을 하지 말라. 옛사람과 그 행위를 벗어 버리고(골 3:9)

너희 말을 항상 은혜 가운데서 소금으로 맛을 냄과 같이 하라 그리하면 각 사람에게 마땅히 대답할 것을 알리라.(골 4:6)

망령되고 헛된 말을 버리라 그들은 경건하지 아니함에 점점 나아가나니 그들의 말은 악성 종양이 퍼져나감과 같은데(딤후 2:16-17상)

우리가 다 실수가 많으니 만일 말에 실수가 없는 자라면 곧 온전한 사람이라 능히 온 몸도 굴레 씌우리라.(약 3:2)

이와 같이 혀도 작은 지체로되 큰 것을 자랑하도다 보라 얼마나 작은 불이 얼마나 많은 나무를 태우는가 혀는 곧 불이요 불의의 세계라 혀는 우리 지체 중에서 온 몸을 더럽히고 삶의 수레바퀴를 불사르나니 그 사르는 것이 지옥 불에서 나느니라 여러 종류의 짐승과 새와 벌레와 바다의 생물은 다 사람이 길들일 수 있고 길들여 왔거니와 혀는 능히 길들일 사람이 없나니 쉬지 아니하는 악이요 죽이는 독이 가득한 것이라.(약 3:5-8)

우리가 입보다 귀가 더 많은 것은 두 귀로 많이 들으며, 세 번 생각하고 입을 열어 말을 하라는 조물주의 뜻이라고 한다. 성경은 말실수를 줄이고 분노를 자제하기 위하여 듣는 것은 빨리하되 말하는 것은 천천히 하라고 가르친다. 나아가 특히 저주의 말과 거짓말을 하지 말라고 당부하고 있다.

> 너희를 박해하는 자를 축복하라. 축복하고 저주하지 말라.(롬 12:14)
>
> 사람마다 듣기는 속히 하고 말하기는 더디 하며 성내기도 더디 하라.(약1:19하)
>
> 이것으로 우리가 주 아버지를 찬송하고 또 이것으로 하나님의 형상대로 지음을 받은 사람을 저주하나니 한 입에서 찬송과 저주가 나오는 도다 내 형제들아 이것이 마땅하지 아니하니라 샘이 한 구멍으로 어찌 단 물과 쓴 물을 내겠느냐 내 형제들아 어찌 무화과나무가 감람 열매를, 포도나무가 무화과를 맺겠느냐 이와 같이 짠 물이 단 물을 내지 못하느니라.(약 3:9-12)
>
> 그러므로 생명을 사랑하고 좋은 날 보기를 원하는 자는 혀를 금하여 악한 말을 그치며 그 입술로 거짓을 말하지 말고(벧전 3:10)

6. 교만하지 말고 겸손하라

　인간관계에서 교만한 자를 좋아하는 사람 없고, 겸손한 자를 싫어하는 사람이 없다. 그러나 지기 싫어하는 것이 인간의 속성이며, 통속적인 사람일수록 잘난 척하는 것이 일상적인 일이다. 자기는 겸손하지 않으면서 다른 사람은 거만하다고 욕하는 것이 현실이다. 그래서 성경은 겸손을 강조하고 있으며, 여호와께서도 스스로 낮추고 기도하면 그 죄를 사해 주신다고 하셨다.

　이스라엘의 초대 왕인 사울은 처음에는 교만하지 않고 겸손했다.(삼상 9:21) 그러나 성공적으로 왕권을 확립하자 사울은 교만해졌고, 하나님에게 버림을 받았다. 반면, 솔로몬 왕의 아들 르호보암이 한때 나라가 강성해지자 여호와께 범죄하여 율법을 버렸으나 스스로 겸비하자 여호와께서는 진노를 돌이키사 완전히 멸하지 않았고,(대하 12:12) 히스기야 왕의 아들 므낫세도 심한 도덕적 타락에 빠져 여호와의 심판을 받았으나 그가 겸손하게 기도하자 여호와께서 그 기도를 받으시고 용서해 주셨다.(대하 33:10–13)

내 이름으로 일컫는 내 백성이 그들의 악한 길에서 떠나 스스로 낮추고 기도하여 내 얼굴을 찾으면 내가 하늘에서 듣고 그들의 죄를 사하고 그들의 땅을 고칠지라.(대하 7:14)

아래 내용은 구약에서 주로 교만(거만)과 겸손을 비교하여 겸손을 가르치는 내용들이다.

교만이 오면 욕도 오거니와 겸손한 자에게는 지혜가 있느니라.(잠 11:1)

지혜로운 아들은 아비의 훈계를 들으나 거만한 자는 꾸지람을 듣지 아니하느니라.(잠 13:1)

교만에서는 다툼만 일어날 뿐이라 권면을 듣는 자는 지혜가 있느니라.(잠 13:10)

거만한 자는 지혜를 구하여도 얻지 못하거니와 명철한 자는 지식 얻기가 쉬우니라.(잠 14:6)

거만한 자는 견책 받기를 좋아하지 아니하며 지혜 있는 자에게로 가지도 아니하느니라.(잠 15:12)

여호와께서는 교만한 자의 집을 허시며(잠 16:25상)

성경 속의 리더십 사다리

겸손은 존귀의 길잡이니라.(잠 15:33하)

무릇 마음이 교만한 자를 여호와께서 미워하시나니 피차 손을 잡을지라도[*] 벌을 면하지 못하리라.(잠언 16:5)

교만은 패망의 선봉이요, 거만한 마음은 넘어짐의 앞잡이니라 겸손한 자와 함께 하여 마음을 낮추는 것이 교만한 자와 함께 하여 탈취물을 나누는 것보다 나으니라.(잠 16:18-19)

사람의 마음의 교만은 멸망의 선봉이요, 겸손은 존귀의 길잡이니라.(잠 18:12)

심판은 거만한 자를 위하여 예비된 것이요 채찍은 어리석은 자의 등을 위하여 예비된 것이니라.(잠 19:29)

무례하고 교만한 자를 이름하여 망령된 자라 하나니 이는 넘치는 교만으로 행함이니라.(잠 21:24)

겸손과 여호와를 경외함의 보상은 재물과 영광과 생명이니라.(잠 22:4)

미련한 자의 생각은 죄요, 거만한 자는 사람에게 미움을 받느니라.(잠 24:9)

왕 앞에서 스스로 높은 체하지 말며 대인들의 자리에 서지

---

* 피차 손을 잡을지라도'의 뜻은 '틀림없이'를 뜻하는 히브리어 관용구 표현이라고 한다.

말라 이는 사람이 네게 이리로 올라오라고 말하는 것이 네 눈에 보이는 귀인 앞에서 저리로 내려가라고 말하는 것보다 나음이니라.(잠 25:6-7)

타인이 너를 칭찬하게 하고 네 입으로는 하지 말며 외인이 너를 칭찬하게 하고 에 입술로는 하지 말지니라.(잠 27:2)

자기 스스로를 칭찬하는 것은 교만하다는 증거다.

사람이 교만하면 낮아지게 되겠고 마음이 겸손하면 영예를 얻으리라.(잠 29:23)

내가 세상의 악과 악인의 죄를 벌하며 교만한 자의 오만을 끊으며 강포한 자의 거만을 낮출 것이며(사 13:11)

겸손한 자에게 여호와로 말미암아 기쁨이 더하겠고(사 29:19상)

여호와께서 이와 같이 말씀하시되 지혜로운 자는 그의 지혜를 자랑하지 말라. 용사는 그의 용맹을 자랑하지 말라. 부자는 그의 부함을 자랑하지 말라.(렘 9:23)

너희는 들을지어다. 귀를 기울일지어다. 교만하지 말지어다, 여호와께서 말씀하셨음이라.(렘 13:15)

모압이 여호와를 거슬러 자만하였으므로 멸망하고 다시 나라를 이루지 못하리로다.(렘 48:42)

바위틈에 살며 산꼭대기를 점령한 자여 스스로 두려운 자인 줄로 여김과 네 마음의 교만이 너를 속였도다 네가 독수리 같이 보금자리를 높은 데에 지었을지라도 내가 그리로부터 너를 끌어내리리라 이는 여호와의 말씀이니라.(렘 49:16)

너의 마음의 교만이 너를 속였도다 바위틈에 거주하며 높은 곳에 사는 자여 네가 마음에 이르기를 누가 능히 나를 땅에 끌어내리겠느냐 하니 네가 독수리처럼 높이 오르며 별 사이에 깃들일지라도 내가 거기에서 너를 끌어내리리라 여호와의 말씀이니라.(옵 1:3-4)

그들이 이런 일을 당할 것은 그들이 만군의 여호와의 백성에 대하여 교만하여졌음이라.(습 2:10)

신약에서도 예수님은 자기를 낮추어 제자들의 발을 씻어주는 등 몸소 실천하면서 겸손을 가르치셨다. 또한 예수님은 어린아이를 통해서 제자들에게 겸손의 도를 가르치셨다. 이것이 목자들에게 주는 교훈이다. 그럼에도 불구하고 오늘날 한국교회의 소위 잘나간다는 큰 교회 목사들은 대부분 교회가 크게 발전한 것이 마치 자기 개인의 공㓛인 것처럼 호화스런 주택에 큰 외제차와 엄청난 연봉을 요구하며 경쟁적으로 받고 있다고 한다. 때로는 교회 헌금을 사리사욕을 위해 제멋대로 운영하는가 하면 교회를 사유화私有化하여 대를 이어 담임 목사직을 물려주기도 한다. 결국 많은 교회가 교만과 재물에 눈이 어두운 목사들 때문에 다툼과 분열의 과정을 겪고 있다고 생각된다.

세간에 회자되는 갑질 논란이 바로 교만 때문이다. 관료나 정치인을 비롯한 권력에 있는 사람은 물론, 회사의 높은 직책에 있는 사람, 교회 목사나 장로와 권사들은 스스로 높임을 받으려고 해서는 안 될 것이다. 아무리 큰 공로를 세웠더라도 교만한 마음으로 자랑하면 그 공로가 소용없게 될 것이고, 아무리 큰 죄를 지었다고 할지라도 겸손한 마음으로 참회하면 그 죄를 용서받을 수 있을 것이다. 성 어거스틴St.Augustin은 '기독교인의 삶에 있어서 첫째가는 덕목은 겸손이다. 둘째도 역시 겸손이다. 그리고 마지막 셋째도 겸손이다.'라고 우리를 깨우치고 있다.

이르시되 진실로 너희에게 이르노니 너희가 돌이켜 어린 아이들과 같이 되지 아니하면 결단코 천국에 들어가지 못하리라 그러므로 누구든지 이 어린아이와 같이 자기를 낮추는 사람이 천국에서 큰 자니라.(마 18:3-4, 막 9:36-37, 10:14-16, 눅 9:47-48)

너희 중에는 그렇지 않을지니 너희 중에 누구든지 크고자

성경 속의 리더십 사다리

하는 자는 너희를 섬기는 자가 되고 너희 중에 누구든지 으뜸이 되고자 하는 자는 모든 사람의 종이 되어야 하리라 인자가 온 것은 섬김을 받으려 함이 아니라 도리어 섬기려 하고 자기 목숨을 많은 사람의 대속물로 주려 함이니라.(마 20:26-28, 막 10:43-45)

너희 중에 큰 자는 너희를 섬기는 자가 되어야 하리라 누구든지 자기를 높이는 자는 낮아지고 누구든지 자기를 낮추는 자는 높아지리라.(마 23:11-12, 눅 14:11, 18:14하)

예수께서 앉으사 열두 제자를 불러서 이르시되 누구든지 첫째가 되고자 하면 뭇 사람의 끝이 되며 뭇 사람을 섬기는 자가 되어야 하리라 하시고(막 9:35)

청함을 받았을 때에 차라리 가서 끝자리에 앉으라 그러면 너를 청한 자가 와서 너더러 벗이여 올라앉으라 하리니 그 때에야 함께 앉은 모든 사람 앞에서 영광이 있으리라.(눅 14:10)

예수께서 이르시되 너희는 사람 앞에서 스스로 옳다 하는 자들이나 너희 마음을 하나님께서 아시나니 사람 중에 높임을 받는 그것은 하나님 앞에 미움을 받는 것이니라.(눅 16:15)

서로 마음을 같이하며 높은 데 마음을 두지 말고 도리어 낮은 데 처하며 스스로 지혜 있는 체 하지 말라.(롬 12:16)

아무 일에든지 다툼이나 허영으로 하지 말고 오직 겸손한 마음으로 각각 자기보다 남을 낫게 여기고(빌 2:3)

주 앞에서 낮추라 그리하면 주께서 너희를 높이시리라.(약 4:10)

젊은 자들아 이와 같이 장로들에게 순종하고 다 서로 겸손으로 허리를 동이라 하나님은 교만한 자를 대적하시되 겸손한 자들에게는 은혜를 주시느니라 그러므로 하나님의 능하신 손아래에서 겸손 하라 때가 되면 너희를 높이시리라.(베전 5:5–6)

성경 속의 리더십 사다리

7. 자식을 잘 가르쳐라

경제가 발전하자 '둘만 낳아 잘 기르자'는 구호는 어느 샌가 슬그머니 자취를 감추고, 대신 '하나만 낳아 잘 기르자'는 목소리가 대두되기 시작했다. 이런 풍조에 휩쓸려 자식에게 올인 하는 부모들이 늘어나고 있다. 우리는 어렵게 컸지만 자식들은 남부럽지 않게 키우겠다는 부모의 마음에서 우러나온 행위이다. 때로는 독신주의 내지는 결혼은 해도 애는 안 갖겠다는 사람도 늘고 있는 현실이다. 그러나 이것은 인간을 창조하면서 명령하신 '생육하고 번성하라(창 1:28)'는 창조주 하나님의 말씀을 근본적으로 거역하는 것이다.

실제로 독자로 큰 사람보다는 형제자매가 있는 사람들이 어려서부터 충족하지는 않지만 서로 싸우기도 하면서 양보와 희생정신은 물론 배려와 협동정신 등 인생을 살아가면서 꼭 필요한 인성을 더 잘 배운다. 홀로 자란 사람은 자칫 항상 외로움을 느끼고 모든 것을 자기 위주로 생각하는 것에서 못 벗어나 이기적인 성격을 소유하게 될 가능성이 높다.

하나뿐인 자식이므로 해외 유학을 필수 코스로 여겨 엄마는 자식 뒷바라지하러 따라가고, 아빠는 오직 자식을 위해 열심히 벌기만 해야 하는 소위 '기러기 아빠'가 유행하여 가끔 가정 파탄을 초래하는 경우도 있다. 일부 엄마들은 자식교육을 한답시고 '쪽집게 과외' 등에 엄청난 돈을 투자하면서 부정한 방법으로 경비를 마련하기도 하고, 한편으로는 부를 자랑하는 수단의 하나로 활용하기도 한다.

그러나 그들도 자식에게 돈을 물려주는 것보다는 돈 버는 방법을 가르쳐주는 것이 정도라는 것쯤은 다 안다. 그래도 하나밖에 없는 자식이라고 '금이야! 옥이야!' 하면서 키우다 보니 자식이 학교에서 선생님한테 혼나는 것도 용인이 안 되는 세상이 되어버렸다. 자녀에게 있어서 인생의 첫 스승은 부모이다. 사사시대의 대제사장 엘리는 아들들이 여호와를 알지 못하는 불량자로 여호와의 제사를 멸시하고, 나중에는 회막문에서 수종드는 여인과 동침까지 한 것을 듣고도 충분한 조치를 못하여 결국 가문의 파멸을 초래하였다. (삼상 2:12-25, 3:12-14)

성경은 아주 오래전부터 있었던 이와 같은 행태에 대해 자식에게 매를 아끼지 말고 유산을 미리 상속시키지 말 것과 오직 성경 말씀을 토대로 자녀들을 양육할 것 등을 강조하고 있다. 사랑하는 자녀에게 매를 드는 일이란 모든 부모에게 정말로 가슴 아픈 일이다. 그렇지만 아이가 배워 깨닫도록 하려면 사랑의 매는 필요하다. 책임감을 가진 부모는 자녀를 자유로이 방임하지 않고 자신의 경험이나 전문가들의 도움을 받아 좀 더 성숙하고 올바른 사람을 만들려고 최선을 다한다. 하나님께서도 자녀인 우리를 정말로 사랑하시기 때문에 우리를 죄의 길로 들어서지 않도록 벌을 주시기도 하는 등 연단시키며 훈육시키시는 분임을 우리는 알아야 한다.

내가 그로 그 자식과 권속에게 명하여 여호와의 도를 지켜 의와 공도를 행하게 하려고 그를 택하였나니(창 18:19상)

매를 아끼는 자는 그의 자식을 미워함이라 자식을 사랑하는 자는 근실히 징계하느니라.(잠 13:24)

네가 네 아들에게 희망이 있은 즉 그를 징계하고 죽일 마음은 두지 말지니라.(잠 19:18)

처음에 속히 잡은 산업은 마침내 복이 되지 아니 하느니라.(잠 20:21)

여기에서 말하는 '처음에 속히 잡은 산업'이란 것은 부모에게 요청하여 자기 몫에 해당하는 유산을 미리 받거나, 부모에게서 강제로 유산을 탈취하는 것을 뜻한다. 이런 사람은 돈의 귀중함을 알지 못하기 때문에 그 유산을 아무렇게나 낭비해 버리기가 쉽다.

마땅히 행할 길을 아이에게 가르치라 그리하면 늙어도 그것을 떠나지 아니하리라.(잠 22:6)

아이의 마음에는 미련한 것이 얽혔으나 징계하는 채찍이 이를 멀리 쫓아내리라.(잠 22:15)

아이를 훈계하지 아니 하려고 하지 말라. 채찍으로 그를 때릴지라도 그가 죽지 아니 하리라 네가 그를 채찍으로 때리면 그의 영혼을 스올에서 구원하리라.(잠 23:13-14)

네 자식을 징계하라 그리하면 그가 너를 평안하게 하겠고 네 마음에 기쁨을 주리라.(잠 29:17)

아비들아 너희 자녀를 노엽게 하지 말고 오직 주의 교훈과 훈계로 양육하라.(엡 6:4, 골 3:21)

성경 말씀은 모두 주의 교훈과 훈계가 포함되어있다. 따라서 성경 말씀을 통해 자녀를 교육하라는 것이다.

8. 부모에게 순종하라

부모의 가르침에 순종하고 부모를 존경하는 자식은 지혜롭게 큰다. 먼저 잘 교육시키지 못한 그 책임은 부모에게 있지만 성경은 자식들에게 부모의 훈계를 잘 들을 것과 부모를 즐겁게 해야 함을 강조하고 있다. 부모님의 말씀에 주의 깊게 귀를 기울이는 것이 효도하는 사람의 행위이며, 세상에서 성공하여 부모님의 자랑거리를 만들어 주는 것이 부모님을 즐겁게 하는 일이다. 요즈음은 부모님께 용돈을 많이 드리는 것이 효도라고 하는데, 용돈을 드릴 때 부모의 가르침에 순종하는 마음과 존경의 마음을 함께 담아 드려야 효도가 되는 것이다.

너희 각 사람은 부모를 경외하고(레 19:3상)

내 아들아 네 아비의 훈계를 들으며 네 어미의 법을 떠나지 말라.(잠 1:8, 잠 6:20)

아들들아 아비의 훈계를 들으며 명철을 얻기에 주의하라.(잠 4:1)

지혜로운 아들은 아비를 기쁘게 하거니와 미련한 아들은 어미의 근심이니라.(잠 10:1)

지혜로운 아들은 아비의 훈계를 들으나 거만한 자는 꾸지람을 듣지 아니 하느니라.(잠 13:1)

아비의 훈계를 업신여기는 자는 미련한 자요, 경계를 받는 자는 슬기를 얻느니라.(잠 15:5)

지혜로운 아들은 아비를 즐겁게 하여도 미련한 자는 어미를 업신여기느니라.(잠 15:20)

훈계받기를 싫어하는 자는 자기의 영혼을 경히 여김이라 견책을 달게 받는 자는 지식을 얻느니라.(잠 15:32)

아비를 구박하고 어미를 쫓아내는 자는 부끄러움을 끼치며 능욕을 부르는 자식이니라.(잠 19:26)

너를 낳은 아비에게 청종하고 네 늙은 어미를 경히 여기지 마라.(잠 23:22)

의인의 아비는 크게 즐거울 것이요 지혜로운 자식을 낳은 자는 그로 말미암아 즐거울 것이니라 네 부모를 즐겁게 하며 너를 낳은 어미를 기쁘게 하라 내 아들아 네 마음을 내게 주며 네 눈으로 내 길을 즐거워할지어다.(잠 23:24-26)

아비를 조롱하며 어미 순종하기를 싫어하는 자의 눈은 골짜

성경 속의 리더십 사다리

기의 까마귀에게 쪼이고 독수리 새끼에게 먹히리라.(잠 30:17)

자녀들아 주 안에서 너희 부모에게 순종하라. 이것이 옳으니라 네 아버지와 어머니를 공경하라 이것은 약속이 있는 첫 계명이니 이로써 네가 잘되고 땅에서 장수하리라.(엡 6:1–3)

자녀들아 모든 일에 부모에게 순종하라 이는 주 안에서 기쁘게 하는 것이니라.(골 3:20)

9. 술 취하지 말라

성경에서는 술을 금지한 것이 아니라 술 취하지 말라고 강조하고 있다. '하루 세 잔 정도의 소주는 혈액 순환에 좋다'는 말도 있듯 술이란 것은 적당히 마시면 약이 되고 지나치면 패가망신시킨다는 사실을 우리 모두 알고 있다. 바울도 디모데에게 편지를 보내면서 병을 위해서는 포도주를 조금씩 마시라고 권하고 있는 것을 보면(딤전 5:23) 성경도 술을 금지하는 것보다 술 취하지 말 것을 강조하는 것이라고 생각된다.

하지만 술이란 보통 사람이 자제력을 발휘하여 적당히 마실 수 있는 것이 아니므로 자칫하면 방탕한 생활로 이어지게 된다. 술을 좋아하게 되면 가정경제도 심각한 타격을 입게 된다. 특히 자제력을 완전히 상실하여 술이 술을 먹는 단계에 이르면 뇌신경이 마비되어 자신이 한 행동을 억제하지 못할뿐더러 이성적이고 논리적인 언어의 사용이 불가능해지게 된다. 언어와 행동이 뇌의 통제를 벗어나면 실수를 범할 수밖에 없다. 결국 우리는 원숭이가 되고 개가 되는 망신을 당하게 되므로 아예 술을 멀리하라고 성경은 권하는 것이다.

포도주는 거만하게 하는 것이요, 독주는 떠들게 하는 것이라. 이에 미혹되는 자마다 지혜가 없느니라.(잠 20:1)
술과 기름을 좋아하는 자는 부하게 되지 못하느니라.(잠 21:7하)

여기서 '술'은 방탕한 생활, '기름'은 사치스러운 생활을 뜻한다.

술을 즐겨 하는 자들과 고기를 탐하는 자들과도 더불어 사귀지 말라 술 취하고 음식을 탐하는 자는 가난하여질 것이요 잠자기를 즐겨하는 자는 해어진 옷을 입을 것임이니라.(잠 23:20-21)
재앙이 뉘게 있느뇨 근심이 뉘게 있느뇨 분쟁이 뉘게 있느뇨 원망이 뉘게 있느뇨 까닭 없는 상처가 뉘게 있느뇨 붉은 눈이 뉘게 있느뇨 술에 잠긴 자에게 있고 혼합한 술을 구하러 다니는 자에게 있느니라 포도주는 붉고 잔에서 번쩍이며 순하게 내려가나니 너는 그것을 보지도 말지어다 그것이 마침내 뱀 같이

물 것이요 독사 같이 쏠 것이며

또 네 눈에는 괴이한 것이 보일 것이요 네 마음은 구부러진 말을 할 것이며 너는 바다 가운데에 누운 자 같을 것이요 돛대 위에 누운 자 같을 것이며 네가 스스로 말하기를 사람이 나를 때려도 나는 아프지 아니하고 나를 상하게 하여도 내게 감각이 없도다 내가 언제나 깰까 다시 술을 찾겠다 하리라.(잠 23:29-35)

술을 마시다가 법을 잊어버리고 모든 곤고한 자들의 송사를 굽게 할까 두려우니라 독주는 죽게 된 자에게, 포도주는 마음에 근심하는 자에게 줄지어다 그는 마시고 자기의 빈궁한 것을 잊어버리겠고 다시 자기의 고통을 기억하지 아니하리라.(잠 31:5-7)

아침에 일찍이 일어나 독주를 마시며 밤이 깊도록 포도주에 취하는 자들은 화 있을진저(사 5:11)

포도주를 마시기에 용감하며 독주를 잘 빚는 자들은 화 있을진저(사 5:22)

술 취하지 말라. 이는 방탕한 것이니 오직 성령으로 충만함을 받으라.(엡 5:18)

성경 속의 리더십 사다리

10. 정직하라

2000년 전 그리스의 유명한 철학자 디오게네스는 손에 등불을 들고 정직한 사람을 찾아 아테네 거리를 헤맸다고 한다. 정직한 사람을 찾기가 어려운 것은 예나 현재나 마찬가지다. 인간은 벌을 면하기 위해서, 남을 속이기 위한 목적을 이루기 위해서, 때로는 중요하다고 생각하는 걸 강조하기 위해서 거짓말을 하게 된다고 한다. 거짓말은 인간의 빼놓을 수 없는 약점으로서 남에게 상처를 주기 때문에 해서는 안 된다는 것이다.

유대인은 원래 유목민이었으나 나중에 나라를 잃고 흩어져 살게 되자 살아남기 위한 하나의 방편으로 장사에 소질을 보이는 사람이 많아졌다. 그 시대에도 장사에서 저울을 속이는 것은 기본이었나 보다. 그러나 유대인들이 장사에서 수완을 보인 것은 저울을 속이지 말라는 선지자들이 전한 하나님의 말씀을 잘 지켰던 덕분이 아닌가 하는 생각이 든다.

너희는 도둑질하지 말며 속이지 말며 서로 거짓말하지 말며
(레 19:11)

너희는 재판할 때나 길이나 무게나 양을 잴 때 불의를 행하
지 말고(레 19:36)

네 이웃에게 팔든지 네 이웃의 손에서 사거든 너희 각 사람
은 그의 형제를 속이지 말라.(레 25:14)

여호와는 의로우사 의로운 일을 좋아하시나니 정직한 자는
그의 얼굴을 뵈오리로다.(시 11:7)

여호와 하나님은 해요 방패이시라 여호와께서 은혜와 영화를
주시며 정직하게 행하는 자에게 좋은 것을 아끼지 아니하실 것
임이니이다.(시 84:11)

속이는 저울은 여호와께서 미워하시나 공평한 추는 그가 기
뻐하시느니라.(잠 11:1)

정직한 자의 성실은 자기를 인도하거니와 사악한 자의 패역
은 자기를 망하게 하느니라.(잠 11: 3)

정직한 자의 공의는 자기를 건지려니와 사악한 자는 자기의
악에 잡히리라.(잠 11:6)

진리를 말하는 자는 의를 나타내어도 거짓 증인은 속이는 말
을 하느니라.(잠 12:17)

성경 속의 리더십 사다리

진실한 입술은 영원히 보존 되거니와 거짓 혀는 잠시 동안만 있을 뿐이니라.(잠 12:19)

의인은 거짓말을 미워하나 악인은 행위가 흉악하여 부끄러운 데에 이르느니라.(잠 13:5)

미련한 자는 죄를 심상히 여겨도 정직한 자 중에는 은혜가 있느니라.(잠 14:9)

이익을 탐하는 자는 자기 집을 해롭게 하나 뇌물을 싫어하는 자는 살게 되느니라.(잠 15:27)

지나친 말을 하는 것도 미련한 자에게 합당하지 아니하거든 하물며 거짓말을 하는 것이 존귀한 자에게 합당하겠느냐.(잠 17:7)

한결같지 않은 저울추와 한결같지 않은 되는 다 여호와께서 미워하시느니라.(잠 20:10)

한결같지 않은 저울추는 여호와께서 미워하시는 것이요 속이는 저울은 좋지 못한 것이니라.(잠 20:23)

속이는 말로 재물을 모으는 것은 죽음을 구하는 것이라 곧 불려다니는 안개니라.(잠 21:6)

자기의 이웃을 쳐서 거짓 증거 하는 사람은 방망이요, 칼이요, 뽀족한 화살이니라.(잠 19:24, 25:18)

정직한 자를 악한 길로 유인하는 자는 스스로 자기 함정에 빠져도 성실한 자는 복을 받느니라.(잠 28:10)

자기의 죄를 숨기는 자는 형통하지 못하나 죄를 자복하고 버리는 자는 불쌍히 여김을 받으리라.(잠 28:13)

탐욕이 지혜자를 우매하게 하고 뇌물이 사람의 명철을 망하게 하느니라.(전 7:7)

거짓으로 끈을 삼아 죄악을 끌며 수레 줄로 함 같이 죄악을 끄는 자는 화 있을진저(사 5:18)

그들의 혀는 죽이는 화살이라 거짓을 말하며 입으로는 그 이웃에게 평화를 말하나 마음으로는 해를 꾸미는도다 내가 이 일들로 말미암아 그들에게 벌하지 아니하겠으며 내 마음이 이런 나라에 보복하지 않겠느냐. 여호와의 말씀이니라.(렘 9:8-9)

불의로 치부하는 자는 자고새[*]가 낳지 아니한 알을 품음 같아서 그의 중년에 그것이 떠나겠고 마침내 어리석은 자가 되리라.(렘 17:11)

만군의 여호와의 말이니라 그러므로 너희 심령을 삼가 지켜 거짓을 행하지 말지니라.(말 2:16하)

그런즉 거짓을 버리고 각각 그 이웃과 더불어 참된 것을 말하라 이는 우리가 서로 지체가 됨이라.(엡 4: 25)

너희가 서로 거짓말을 하지 말라.(골 3:9상)

---

[*] 자고鷓鴣라는 새는 꿩과의 메추라기 비슷한 새라고 한다.

성경 속의 리더십 사다리

진리를 거슬러 거짓말하지 말라.(약 3:14하)

독일의 관념철학자 칸트는 거짓말은 무조건 진실성에 반하는 것으로서 거짓말하는 것은 자기 인격성을 포기하는 기만적인 인간 현상이라고 질타했다. 그러나 같은 독일의 실존주의 철학자 니체는 어떤 일반적인 예술품을 보고 아름답다고 말하는 것이 우리에게 해롭지 않은 것처럼, 해롭지 않은 거짓말은 우리의 삶을 아름답게 만들 수도 있기 때문에 이런 종류의 거짓말은 받아들일 수 있다고 했다.

성경에서 정직하라고 강조한 것은 우리에게 해롭지 않은 거짓말까지 규제한 것은 아니라고 보지만 어떤 거짓말이 해롭지 않은 것인지는 각자의 양심에 비추어 하나님 앞에서도 떳떳한 것이어야 할 것이다. 예로, 다윗은 다급한 상황에서 적당한 거짓말로 제사장 아히멜렉의 도움을 받았지만 그 일로 인해 아히멜렉 가족은 후에 사울 왕에 의해 죽임을 당한다.(삼상 21:1-9) 거짓말을 하면 당장의 어려운 처지는 면할 수 있을지 모르지만 시간이 흐르면 더욱 큰 손해를 키우는 경우가 더 많다.

11. 베풀며 살아라

　세상은 혼자서는 살 수 없다. 따라서 내가 좀 잘살게 되면 못 사는 사람을 도와주고 또 내가 형편이 좋아지면 옛날을 생각하여 가난한 사람에게 베풀며 살아가는 것이 참된 삶의 방법이다. 특히 나이가 들어 가장 행복을 느끼는 때는 베풀며 살 때라고 한다. 사람이 죽어서 이름을 남기는 방법 중 가장 쉬운 방법은 죽어서 가져가지 못하는 돈을 사회에 기부하는 방법이다.

　돈이 있어야만 베풀 수 있는 것도 아니다. 지하철 안에서 노약자에게 자리를 양보하는 것도 베푸는 것이요, 무거운 짐을 대신 들어 주는 것도 베푸는 것이다. 일일일선—日—善이 곧 베푸는 삶이다. 성경은 주는 것이 받는 것보다 복이 있으며, 돈을 꾸어 주더라도 이자를 받지 말 것을 강조하고 있다. 돈이 궁한 사람이 돈을 꾸는 것이므로 이자를 받지 않는 것은 베푸는 행위이다. 베푸는 것이상으로 하나님께서 갚아주시며 범사에 복을 주실 거라는 것이 성경의 가르침이다. 우리 사회에서도 권력과 부를 가진 자보다는 베푸는 자가 진정한 리더라고 할 수 있다.

네 형제가 가난하게 되어 빈손으로 네 곁에 있거든 너는 그를 도와 거류민이나 동거인처럼 너와 함께 생활하게 하되 너는 그에게 이자를 받지 말고 네 하나님을 경외하여 네 형제로 너와 함께 생활하게 할 것인즉 너는 그에게 이자를 위하여 돈을 꾸어 주지 말고 이익을 위하여 네 양식을 꾸어 주지 말라.(레 25:35-37)

너희 중에 분깃이나 기업이 없는 레위인과 네 성중에 거류하는 객과 및 고아와 과부들이 와서 먹고 배부르게 하라 그리하면 네 하나님 여호와께서 네 손으로 하는 범사에 네게 복을 주시리라.(신 14:29)

땅에는 언제든지 가난한 자가 그치지 아니하겠으므로 내가 네게 명령하여 이르노니 너는 반드시 네 땅 안에 네 형제 중 곤란한 자와 궁핍한 자에게 네 손을 펼지니라.(신 15:11)

네가 형제에게 꾸어주거든 이자를 받지 말지니 곧 돈의 이자, 식물의 이자, 이자를 낼만한 모든 것의 이자를 받지 말 것이라.(신 23:19)

가난한 자를 보살피는 자에게 복이 있음이여 재앙의 날에 여호와께서 그를 건지시리로다.(시 41:1)

네 손이 선을 베풀 힘이 있거든 마땅히 받을 자에게 베풀기를 아끼지 말며, 네게 있거든 이웃에게 이르기를 갔다가 다시 오라 내일 주겠노라 하지 말며(잠 3:27-28)

구제를 좋아하는 자는 풍족하여질 것이요 남을 윤택하게 하는 자는 자기도 윤택하여 지리라.(잠언 11:25)

이웃을 업신여기는 자는 죄를 범하는 자요 빈곤한 자를 불쌍히 여기는 자는 복이 있는 자니라.(잠 14: 21)

가난한 사람을 학대하는 자는 그를 지으신 이를 멸시하는 자요 궁핍한 사람을 불쌍히 여기는 자는 주를 공경하는 자니라.(잠 14:31)

가난한 자를 불쌍히 여기는 것은 여호와께 꾸어 드리는 것이니 그의 선행을 그에게 갚아 주시리라.(잠 19:17)

네게 구하는 자에게 주며 네게 꾸고자 하는 자에게 거절하지 말라.(마 5:42)

네게 구하는 자에게 주며 네 것을 가져가는 자에게 다시 달라 하지 말며(눅 6:30)

주라 그리하면 너희에게 줄 것이니 곧 후히 되어 누르고 흔들어 넘치도록 하여 너희에게 안겨 주리라 너희가 헤아리는 그

성경 속의 리더십 사다리

헤아림으로 너희도 헤아림을 도로 받을 것이니라.(눅 6:38)

범사에 여러분에게 모본을 보여 준 바와 같이 수고하여 약한 사람들을 돕고 또 주 예수께서 친히 말씀하신 바 주는 것이 받는 것보다 복이 있다 하심을 기억하여야 할지니라.(행 20:35)

성도들의 쓸 것을 공급하며 손 대접하기를 힘쓰라.(롬 12:13)

손님 대접하기를 잊지 말라 이로써 부지중에 천사들을 대접한 이들이 있었느니라.(히 13:2)

누구든지 자기의 유익을 구하지 말고 남의 유익을 구하라.
(고전 10:24)

선을 행하고 선한 사업을 많이 하고 나누어 주기를 좋아하며 너그러운 자가 되게 하라 이것이 장래에 자기를 위하여 좋은 터를 쌓아 참된 생명을 취하는 것이니라.(딤전 6:18-19)

예수님은 특히 베푸는 행위를 남에게 보이려고 하지 말고 '구제함을 은밀하게 하라'고 말씀하시었다. 하나님은 우리들의 마음을 이미 다 알고 계시기 때문에 생색내려는 행위인지 마음으로부터 우러나와서 하는 행위인지 다 알고 계신다. 우리 스스로도 그런 것쯤은 다 알 수 있기에 덕이 되지 않는 것이다.

사람에게 보이려고 그들 앞에서 너희 의를 행하지 않도록 주의하라 그리하지 아니하면 하늘에 계신 너희 아버지께 상을 받지 못하느니라 그러므로 구제할 때에 외식하는 자가 사람에게서 영광을 받으려고 회당과 거리에서 하는 것 같이 너희 앞에 나팔을 불지 말라 진실로 너희에게 이르노니 그들은 자기상을 이미 받았느니라 너는 구제할 때에 오른손이 하는 것을 왼손이 모르게 하여, 네 구제함을 은밀하게 하라 은밀한 중에 보시는 너의 아버지께서 갚으시리라.(마 6:1-4)

베풀면 덕이 되어 복으로 돌아오지만 우리의 속담에도 있듯이 욕심은 화를 부른다. 사람의 욕심은 끝이 없기 때문이다. 적당한 욕심은 성공과 성취의 원동력이 되지만 지나치면 정신건강에 나쁜 영향을 미치며 더 큰 욕심에 사로잡혀 삶을 망치게 한다. 우리나라 기업 역사에서도 좀 잘된다 싶으면 문어발식으로 무리하여 확장하다가 무너진 경우가 허다하다.

가정에서도 마찬가지다. 이웃이 가진 집, 가구, 차, 보석, 옷, 가방 등을 비롯하여 아이들 교육문제에 있어서까지 다른 사람들에게 지지 않으려고 욕심 부려 장만하고 교육시키다 보면 욕심이 욕심을 불러 경제적 타격은 물론 때로는 부정을 저지르는 우를 범하게 되는 것이다. 그로 인하여 형을 살거나 때로는 자살로 이어지기도 한다. 청문회에서도 자주 거론되지만 고위직에 있는 사람들이 욕심으로 인하여 부동산 투기, 위장전입, 세금탈루 등을 범하여 낙마하는 사태를 자주 접하게 된다.

오직 각 사람이 시험을 받는 것은 자기 욕심에 끌려 미혹됨이니 욕심이 잉태한즉 죄를 낳고 죄가 장성한즉 사망을 낳느니라.(약 1:14-15)

12. 모범을 보여라

예수께서 '서로 사랑하라'는 새 계명을 주실 때에도 '내가 너희를 사랑한 것같이 너희도 서로 사랑하라'(요 13:34, 15:12)고 말씀하신 바와 같이 예수님의 삶 자체가 제자들의 모범이 되셨다. 예수님은 또 너희는 세상의 소금과 빛이라고 하시며 타의 모범이 되기를 원하셨다. 예수님도 스스로를 세상의 빛이라고 말씀하셨다. 그리스도 예수의 좋은 일꾼이 되기 위해서도 믿는 자는 본이 되어야 한다. 믿는 사람들이 본을 보이지 못함으로써 교회를 배척하는 경우가 많은 현실이다.

인간으로서 여러 모로 항상 본을 보이는 삶을 살아가기는 불가능할지 몰라도 모범이 되는 삶을 살아가기 위해 노력하는 행위는 주위에 본이 될 수 있다. 리더는 모범을 보이는 사람이다. 부모가 자식들에게 모범을 보이지 못하면 가정교육이 이루어질 수 없다. 직장 상사로서,

선생님으로서, 사회적 지도자로서, 성직자로서, 어른으로서의 도리를 다하는 것이 모범을 보이는 것이다.

너희는 세상의 소금이니 소금이 만일 그 맛을 잃으면 무엇으로 짜게 하리요. 후에는 아무 쓸 데 없어 다만 밖에 버려져 사람에게 밟힐 뿐이니라 너희는 세상의 빛이라 산 위에 있는 동네가 숨겨지지 못할 것이요 사람이 등불을 켜서 말 아래에 두지 아니하고 등경 위에 두나니 이러므로 집 안 모든 사람에게 비치느니라 이같이 너희 빛이 사람 앞에 비치게 하여 그들로 너희 착한 행실을 보고 하늘에 계신 너희 아버지께 영광을 돌리게 하라.(마 5:13-16)

소금은 좋은 것이로되 만일 소금이 그 맛을 잃으면 무엇으로 이를 짜게 하리요 너희 속에 소금을 두고 서로 화목 하라 하시니라.(막 9:50, 눅 14:34)

예수께서 또 말씀하여 이르시되 나는 세상의 빛이니 나를 따르는 자는 어둠에 다니지 아니하고 생명의 빛을 얻으리라.(요 8:12)

내가 세상에 있는 동안에는 세상의 빛이로라.(요 9:5)

너희에게 아직 빛이 있을 동안에 빛을 믿으라 그리하면 빛의 아들이 되리라.(요 12:36)

너희가 전에는 어둠이더니 이제는 주 안에서 빛이라 빛의 자녀들처럼 행하라 빛의 열매는 모든 착함과 의로움과 진실함에 있느니라.(엡 5:8-9)

이는 너희가 흠이 없고 순전하여 어그러지고 거스르는 세대 가운데서 하나님의 흠 없는 자녀로 세상에서 그들 가운데 빛들로 나타내며(빌 2:15)

누구든지 네 연소함을 업신여기지 못하게 하고 오직 말과 행실과 사랑과 믿음과 정절에 있어서 믿는 자에게 본이 되어(딤전 4:12)

사도 바울도 디도에게 보낸 편지에서 목회자로서 모든 경건한 삶을 실천함으로써 선한 일의 모범을 보이라고 한 것이 디도서의 핵심이다. 내용을 보면 목회자로서 뿐 아니라 일반인들에게도 모두 해당되는 삶의 기본적인 자세와 태도를 말하고 있다.

오직 너는 바른 교훈에 합당한 것을 말하여 늙은 남자로는 절제하며 경건하며 신중하며 믿음과 사랑과 인내함에 온전하게 하고 늙은 여자로는 이와 같이 행실이 거룩하며 모함하지 말며 많은 술의 종이 되지 아니하며 선한 것을 가르치는 자들이 되고 그들로 젊은 여자들을 교훈하되 그 남편과 자녀를 사랑하며

성경 속의 리더십 사다리

신중하며 순전하며 집안일을 하며 선하며 자기 남편에게 복종하게 하라.

이는 하나님의 말씀이 비방을 받지 않게 하려 함이라 너는 이와 같이 젊은 남자들을 신중하도록 권면하되 범사에 네 자신이 선한 일의 본을 보이며 교훈에 부패하지 아니함과 단정함과 책망할 것이 없는 바른 말을 하게 하라. 이는 대적하는 자로 하여금 부끄러워 우리를 악하다 할 것이 없게 하려 함이라.(딛 2:1-8)

훔치지 말고 오히려 모든 참된 신실성을 나타내게 하라 이는 범사에 우리 구주 하나님의 교훈을 빛나게 하려 함이라.(딛 2:10)

아무도 비방하지 말며 다투지 말며 관용하며 범사에 온유함을 모든 사람에게 나타낼 것을 기억하게 하라.(딛 3:2)

모범을 보이라는 말은 매사에 성실하라는 말과도 일맥상통한다. 요즘엔 회사 직원을 채용할 때도 머리 좋은 사람보다는 성실한 사람을 뽑는 경향이 생겼다고 한다. 성실한 사람은 언젠가는 목표하는 바를 얻을 수 있고 경제적으로도 안정을 되찾을 수 있다. 머리 좋은 사람은 상대가 자기보다 못하다고 무시하는 경향이 있으나, 성실한 사람은 대부분 근면하고 정직하여 누구에게서나 신임을 받을 수 있다.

가난하여도 성실하게 행하는 자는 부유하면서 굽게 행하는 자보다 나으니라.(잠 28:6)

정직한 자를 악한 길로 유인하는 자는 스스로 자기 함정에 빠져도 성실한 자는 복을 받느니라.(잠 28:10)

성실하게 행하는 자는 구원을 받을 것이나 굽은 길로 행하는 자는 곧 넘어지리라.(잠 28: 18)

13. 용서하라

성경을 보면, 이스라엘의 백성들이 하나님 말씀에 어긋나는 타락한 행위에 따른 처벌을 받은 후 회개하고 하나님께 살려주기를 간구해 하나님의 구원의 역사가 펼쳐지는 이야기가 되풀이되고 있음을 알 수 있다.(느 9:28-31) 즉 하나님의 구원 역사가 이루어진 후 1세대가 지나면 후손들은 자연히 과거를 잊게 되는데 이때가 되면 이스라엘 백성은 하나님 앞에 또 죄를 범하고, 벌 받고 나서 깨달아 회개하면 은혜로우시고 불쌍히 여기시는 하나님은 또 용서해 주셨다는 것이다.

회개한다는 말은 자기의 잘못을 깨닫고 인정하여 상대(개인 또는 조직)에게 사과하고 용서를 구한다는 의미이다. 일반적인 인관관계에서도 상대방이 입으로만이 아닌 진심을 담아 사과하면 대부분 용서해 준다. 특히나 리더는 조직의 책임자로서 설사 자기의 개인적인 잘못은 없다고 하더라도 조직이 잘못한 일에 대해서는 책임을 느끼고 사과할 줄 알아야 한다. 잘못된 범인 검거, 잘못된 재판, 잘못된 선거 공약, 잘못된 정책 결정 등을 수행한 리더들이 잘못된 부분에 대하여 깨끗이 사과하는 풍토가 조성되어야 이 나라가 발전한다.

예나 지금이나 인간은 망각의 동물인지라 선조들의 잘 잘못을 역사가 가르쳐주고 있음에도 불구하고 우리는 똑같은 잘못을 계속 범하며 살고 있다. 은혜로우신 하나님은 예수님을 통하여 그러한 우리의 모든 죄를 용서하여 주셨다. 주기도문은 '우리가 우리에게 잘못한 사람을 용서하여 준 것같이 우리 죄를 용서하여 주실 것'을 간구하고 있다. 자기 자신의 죄를 스스로 회개하고 사과하거나 _(용서를 구하거나) 우리에게 잘못한 다른 사람을 용서하는 사람이 될 수만 있다면 하나님께서는 우리의 어떠한 잘못도 용서하여 주실 것이다.

하나님이 그들이 행한 것 곧 그 악한 길에서 돌이켜 떠난 것을 보시고 하나님이 뜻을 돌이키사 그들에게 내리리라고 말씀하신 재앙을 내리지 아니하시니라.(욘 3:10)

여호와의 말씀이니라 그 날 그 때에는 이스라엘의 죄악을 찾을지라도 찾아내지 못하리니 이는 내가 남긴 자를 용서할 것임

성경 속의 리더십 사다리

이라.(렘 50:20)

이는 내가 네 모든 행한 일을 용서한 후에 네가 기억하고 놀라고 부끄러워서 다시는 입을 열지 못하게 하려 함이니라 주 여호와의 말씀이니라(겔 16:63)

솔로몬도 성전 건축을 완료하고 봉헌 기도를 올릴 때 백성이 범죄 하였더라도 회개하면 기도에 응답하여 용서해주실 것을 간구하였다.(대하 6:22-39)

'인간은 죄를 범하고 신은 이를 용서한다.'는 말처럼 하나님은 용서의 하나님이시다. 회개하거나 스스로 겸비하면 용서하셨다. 단 용서하되 벌을 면죄하시지는 않으시겠다고 하신다. 우리는 하나님을 닮아 용서하는 삶을 살아야 한다.

여호와께서 그의 앞으로 지나시며 선포하시되 여호와라 여호와라 자비롭고 은혜롭고 노하기를 더디하고 인자와 진실이 많은 하나님이라 인자를 천대까지 베풀며 악과 과실과 죄를 용서하리라 그러나 벌을 면제하지는 아니하고 아버지의 악행을 자손 삼사 대까지 보응하리라.(출 34:6-7)

르호보암이 스스로 겸비하였고 유다에 선한 일도 있으므로 여호와께서 노를 돌이키사 다 멸하지 아니 하셨더라.(대하 12:12)

그러나 악인이 만일 그가 행한 모든 죄에서 돌이켜 떠나 내 모든 율례를 지키고 정의와 공의를 행하면 반드시 살고 죽지 아니할 것이라.(겔 18:21)

주 여호와의 말씀이니라 죽을 자가 죽는 것도 내가 기뻐하지 아니하노니 너희는 스스로 돌이키고 살지니라.(겔 18:32)

소돔과 고모라를 멸하실 때에도 아브라함이 하나님께 나아가 의인을 악인과 함께 멸하는 것은 옳지 않다고 하면서 용서를 구하자 하나님은 의인이 단 열 명만 있어도 도시를 멸망치 않겠다고 하신 바 있다.(창 19:23-32)

쌍둥이 형제인 야곱과 에서 사이의 다툼도 우리 사회에서 흔히 볼 수 있는 것이다. 야곱은 거짓으로 이삭으로부터 장자에게 주는 모든 축복을 받았으며 그것으로 인하여 멀리 외삼촌 집까지 도피하여 20년 후에 돌아와 에서에게 용서를 구하고 화해했다.(창 33:1-17) 그래서 결국 야곱은 이스라엘 백성의 혈통을 세우는 사람이 된다. 하나님이 가장 기뻐하시는 것 중의 하나가 '용서하는 삶'이다.

한편, 예수님은 모든 세상 일이 내가 하는 대로 나에게 오게 되어있음을 강조하시며, 용서하면 너희도 용서를 받을 것이라고 강조하신다. 따라서 악을 악으로 갚지 말고 원수 갚는 것은 하나님이 직접 갚으실 일이라고 말씀하셨다. 그리고 자기의 잘못을 깨닫지 못하고 남의 잘못만 들추어내는 것은 자기 눈 속의 들보는 모르고 남의 눈 속에 있는 티를 빼라는 것과 같다고 가르치셨다.

예수님 말씀처럼 상대방을 용서하는 것이 쉬운 일은 아니다. 대부분의 사람들이 나는 옳고 상대방은 그르다는 자기중심적 사고에서 출발하기 때문이다. 만약 자신도 문제 발단의 당사자이며 상대방의 악의적 행동에 일말의 원인 제공자로서의 책임이 있다고 생각해 본다면 용서가 쉬워질 수 있을 것이다.

허물을 용서하는 것이 자기의 영광이니라.(잠 19:11하)

너희가 사람의 잘못을 용서하면 너희 하늘 아버지께서도 너희 잘못을 용서하시려니와 너희가 사람의 잘못을 용서하지 아니하면 너희 아버지께서는 너희 잘못을 용서하지 아니하시리라.(마 6:14-15)

그 때에 베드로가 나아와 이르되 주여 형제가 내게 죄를 범하면 몇 번이나 용서하여 주리이까 일곱 번까지 하오리이까 예수께서 이르시되 네게 이르노니 일곱 번뿐 아니라 일곱 번을 일흔 번까지라도 할지니라.(마 18:21-22)

너희가 각각 마음으로부터 형제를 용서하지 아니하면 나의

하늘 아버지께서도 너희에게 이와 같이 하시리라.(마 18:35)

서서 기도할 때에 아무에게나 혐의가 있거든 용서하라 그리하여야 하늘에 계신 너희 아버지께서도 너희 허물을 사하여 주시리라 하시니라.(막 11:25)

용서하라 그리하면 너희가 용서를 받을 것이요.(눅 6:37하)

너희는 스스로 조심하라 만일 네 형제가 죄를 범하거든 경고하고 회개하거든 용서하라 만일 하루에 일곱 번이라도 네게 죄를 짓고 일곱 번 네게 돌아와 내가 회개하노라 하거든 너는 용서하라 하시더라.(눅 17:3-4)

너희가 누구의 죄든지 사하면 사하여질 것이요 누구의 죄든지 그대로 두면 그대로 있으리라 하시니라.(요 20:23)

너희를 박해하는 자를 축복하라 축복하고 저주하지 말라.(롬 12:14)

아무에게도 악을 악으로 갚지 말고 모든 사람 앞에서 선한 일을 도모하라.(롬 12:17)

내 사랑하는 자들아 너희가 친히 원수를 갚지 말고 하나님의 진노하심에 맡기라 기록되었으되 원수 갚는 것이 내게 있으니 내가 갚으리라 주께서 말씀하시니라 네 원수가 주리거든 먹이고 목마르거든 마시게 하라 그리함으로 네가 숯불을 그 머리에 쌓아 놓으리라 악에게 지지 말고 선으로 악을 이기라.(롬 12:19-21)

성경 속의 리더십 사다리

근심하게 한 자가 있었을지라도 나를 근심하게 한 것이 아니요 어느 정도 너희 모두를 근심하게 한 것이니 어느 정도라 함은 내가 너무 지나치게 말하지 아니하려 함이라 이러한 사람은 많은 사람에게서 벌 받는 것이 마땅하도다 그런즉 너희는 차라리 그를 용서하고 위로할 것이니 그가 너무 많은 근심에 잠길까 두려워하노라.(고후 2:5-7)

너희가 무슨 일에든지 누구를 용서하면 나도 그리고 내가 만일 용서한 일이 있으면 용서한 그것은 너희를 위하여 그리스도 앞에서 한 것이니(고후 2:10)

너희는 모든 악독과 노함과 분냄과 떠드는 것과 비방하는 것을 모든 악의와 함께 버리고

서로 친절하게 하며 불쌍히 여기며 서로 용서하기를 하나님이 그리스도 안에서 너희를 용서하심과 같이 하라.(엡 4:31-32)

누가 누구에게 불만이 있거든 서로 용납하여 피차 용서하되 주께서 너희를 용서하신 것 같이 너희도 그리하고(골 3:13)

14. 행하라

    구약에서는 하나님의 말씀이나 율법에 기록된 대로 지키는 것이 행함의 근본이었다. 행한다는 것은 비록 지시의 형태를 띠었다고 하더라도 강제에 의한 것이 아니라 자발적으로 행하는 것을 의미한다. 그래서 신은 인간에게 자유 의지를 주었다고 하는 것이다. 인간은 살아가면서 많은 것을 듣고 보고 배우면서 우리가 어떻게 살아야 하는지를 알게 된다. 그럼에도 불구하고 우리가 잘 살지 못하는 것은 아는 것을 행하지 않기 때문이다.

    내가 나의 하나님 여호와께서 명령하신 대로 규례와 법도를 너희에게 가르쳤나니 이는 너희가 들어가서 기업으로 차지할 땅에서 그대로 행하게 하려 함인즉 너희는 지켜 행하라 이것이 여러 민족 앞에서 너희의 지혜요 너희의 지식이라 그들이 이 모든 규례를 듣고 이르기를 이 큰 나라 사람은 과연 지혜와 지

식이 있는 백성이로다 하리라.(신 4:5-6)

너희의 자녀에게 명령하여 이 율법의 모든 말씀을 지켜 행하게 하라.(신 32:46하)

이 율법책을 네 입에서 떠나지 말게 하며 주야로 그것을 묵상하여 그 안에 기록된 대로 다 지켜 행하라 그리하면 네 길이 평탄하게 될 것이며 네가 형통하리라.(수 1:8)

여호와께서 사울에게 이르시되 죄인 아말렉 사람이 다 없어질 때까지 쳐서 진멸하라 하셨지만 사울은 여호와께 제사하려 한다는 핑계로 아말렉 사람들의 양들과 소들 중에서 가장 좋은 것을 남겼고 여호와께서는 사울을 왕으로 삼으신 것을 후회하셨다. 이것을 두고 사무엘은 여호와의 말씀에 순종하여 행하는 것이 제사보다 낫다고 하였다.

순종이 제사보다 낫고 듣는 것이 숫양의 기름보다 나으니(삼상 15:22하)

아무리 좋은 약도 먹어야 효능을 알 수 있듯이 예수님께서는 말씀을 들었으면 믿고 행해야 한다고 강조하신다. 우리가 간절히 구하면 무엇이든지 해결해 주셨으

나 행함이 없는 간구는 들어주시지 않을 것임을 성경은
가르치고 있다.

> 나더러 주여 주여 하는 자마다 다 천국에 들어갈 것이 아니
> 요. 다만 하늘에 계신 내 아버지의 뜻대로 행하는 자라야 들어
> 가리라.(마 7:21)
>
> 그러므로 누구든지 나의 이 말을 듣고 행하는 자는 그 집을
> 반석 위에 지은 지혜로운 사람 같으리니(마 7:24)
>
> 나의 이 말을 듣고 행하지 아니하는 자는 그 집을 모래 위
> 에 지은 어리석은 사람 같으리니, 비가 내리고 창수*가 나고 바
> 람이 불어 그 집에 부딪치매 무너져 그 무너짐이 심하니라.(마
> 7:26–27)

> 진실로 다시 너희에게 이르노니 너희 중의 두 사람이 땅에서
> 합심하여 무엇이든지 구하면 하늘에 계신 내 아버지께서 그들
> 을 위하여 이루게 하시리라.(마 18:19)
>
> 임금이 대답하여 이르시되 내가 진실로 너희에게 이르노니
> 너희가 여기 내 형제 중에 지극히 작은 자 하나에게 한 것이 곧
> 내게 한 것이니라 하시고(마 25:40)

---

* 창수漲水: 홍수같이 강물이 불어서 넘치는 물

성경 속의 리더십 사다리

예수님께서는 꼭 지키기를 원하시면 '진실로'라는 말을 사용하셨다고 한다.

누구든지 하나님의 뜻대로 행하는 자가 내 형제요 자매요 어머니이니라.(막 3:35)

너희는 나를 불러 주여 주여 하면서도 어찌하여 내가 말하는 것을 행하지 아니하느냐 내게 나아와 내 말을 듣고 행하는 자마다 누구와 같은 것을 너희에게 보이리라 집을 짓되 깊이 파고 주추를 반석위에 놓은 사람과 같으니 큰물이 나서 탁류가 그 집에 부딪치되 잘 지었기 때문에 능히 요동하지 못하게 하였거니와 듣고 행하지 아니하는 자는 주추 없이 흙 위에 집 지은 사람과 같으니 탁류가 부딪치매 집이 곧 무너져 파괴됨이 심하니라 하시니라.(눅 6:46-49)

예수께서 이르시되 율법에 무엇이라 기록되었으며 네가 어떻게 읽느냐 대답하여 이르되 네 마음을 다하며 목숨을 다하며 힘을 다하며 뜻을 다하여 주 너의 하나님을 사랑하고 또한 네 이웃을 네 자신같이 사랑하라 하였나이다. 예수께서 이르시되 네 대답이 옳도다 이를 행하라 그러면 살리라 하시니(눅 10:26-28)

내가 주와 또는 선생이 되어 너희 발을 씻었으니 너희도 서로 발을 씻어 주는 것이 옳으니라 내가 너희에게 행한 것 같이 너희도 행하게 하려 하여 본을 보였노라.(요 13:14-15)

내 이름으로 무엇이든지 내게 구하면 내가 행하리라.(요 14:14)

너희가 내 안에 거하고 내 말이 너희 안에 거하면 무엇이든지 원하는 대로 구하라 그리하면 이루리라.(요 15:7)

너희는 내가 명하는 대로 행하면 곧 나의 친구라.(요 15:14)

그러므로 너희가 그리스도 예수를 주로 받았으니 그 안에서 행하되(골 2:6)

너희는 말씀을 행하는 자가 되고 듣기만 하여 자신을 속이는 자가 되지 말라 누구든지 말씀을 듣고 행하지 아니하면 그는 거울로 자기의 생긴 얼굴을 보는 사람과 같아서 제 자신을 보고 가서 그 모습이 어떠했는지를 곧 잊어버리거니와 자유롭게 하는 온전한 율법을 들여다보고 있는 자는 듣고 잊어버리는 자가 아니요 실천하는 자니 이 사람은 그 행하는 일에 복을 받으리라.(약 1:22-25)

성경은 행함이 없는 믿음은 죽은 것이며, 행하지 아니하면 죄라고 가르치고 있다.

내 형제들아 만일 사람이 믿음이 있노라 하고 행함이 없으면 무슨 유익이 있으리요 그 믿음이 능히 자기를 구원하겠느냐 만

성경 속의 리더십 사다리

일 형제나 자매가 헐벗고 일용할 양식이 없는데 너희 중에 누구든지 그에게 이르되 평안히 가라 덥게 하라 배부르게 하라 하며 그 몸에 쓸 것을 주지 아니하면 무슨 유익이 있으리요 이와 같이 행함이 없는 믿음은 그 자체가 죽은 것이라.(약 2:14-17)

영혼 없는 몸이 죽은 것 같이 행함이 없는 믿음은 죽은 것이니라.(약 2:26)

그러므로 사람이 선을 행할 줄 알고도 행하지 아니하면 죄니라.(약 4:17)

악인의 번성과 즐거움은 일시적인 것이므로 성경에서는 특별히 악을 악으로 갚지 말고 선과 의를 행하는 것이 영원히 사는 것이며 악인의 자손은 끊어질 것이라고 강조하고 있다.

악에서 떠나 선을 행하라 그리하면 영원히 살리니 여호와께서 정의를 사랑하시고 그의 성도를 버리지 아니하심이로다 그들은 영원히 보호를 받으나 악인의 자손은 끊어지리로다.(시 37:27-28)

삼가 누가 누구에게든지 악으로 악을 갚지 말게 하고 서로 대하든지 모든 사람을 대하든지 항상 선을 따르라.(살전 5:15)

형제들아 너희는 선을 행하다가 낙심하지 말라.(살후 3:13)

선을 행하고 선한 사업을 많이 하고 나누어 주기를 좋아하며 너그러운 자가 되게 하라 이것이 장래에 자기를 위하여 좋은 터를 쌓아 참된 생명을 취하는 것이니라.(딤전 6:18-19)

선을 행함으로 고난 받는 것이 하나님의 뜻일진대 악을 행함으로 고난 받는 것보다 나으니라.(벧전 3:17)

너희가 그가 의로우신 줄을 알면 의를 행하는 자마다 그에게서 난 줄을 알리라.(요일 2:29)

성경은 또 예수님이 행하신 대로 따라 행할 것을 강조하고 있다.

그의 안에 산다고 하는 자는 그가 행하시는 대로 자기도 행할지니라.(요일 2:6)

살면서 가장 지혜로운 사람은 아마도 예수님의 말씀하신 것을 깨닫고 그대로 행하는 사람이 아닐까 생각한다.

15. 확고한 믿음을 가져라

일반적으로 우리의 믿음은 경험에 바탕을 두고 있다. 모세처럼 하나님과 직접 대면하여 말씀을 나눈다면 하나님의 존재를 부정할 사람은 아무도 없을 것이다. 그래서 하나님은 모든 사람들에게 믿음의 능력을 부여하셨다. 다만 그 부여된 능력을 수용하느냐 아니면 거부하느냐의 선택은 개인의 자유인 것이다.

하나님이 나의 반석이시고 나의 구원이라는 사실을 아무리 가르쳐주어도(시 62:2) 하나님에 대한 경험이 없이는 믿지 못했다. 성경에서 가장 많이 사용된 단어는 '믿음'일 것이다. 그만큼 경험 없이 믿는다는 것은 힘들다는 것을 보여주는 증거라고 생각된다. 특히 구약시대에는 주변 국가에서 다양한 신들을 섬겨서인지 두려워하는 것이 많았던 것 같다. 전능하신 하나님을 믿고 의지하면 아무 문제가 없다고 수없이 강조해도 믿음이 약하여 항상 두려워했다. 그래서 성경에는 무려 365군데에 '두려워하지 말라'는 표현이 있다고 한다.

온갖 부귀를 누려본 지혜의 왕 솔로몬은 '전도서'를 통해 인생의 쾌락, 술, 부귀 등 그 어떠한 것도 허무함을 채울 수 없고 그의 지혜도 결국은 한 줌 흙으로 돌아갈 뿐이라고 술회하고 있다. '전도서'는 하나님을 배제한 인간사 전부와 만물의 존재는 헛된 존재임을 가르쳐주고 있다. 성경의 전체적인 내용의 핵심은 '하나님을 확실히 믿으면 여호와 하나님은 어떠한 경우에도 우리를 구해 주신다.'는 것이다. 따라서 하나님에 대한 확고한 믿음을 가지고 그분 안에서 삶을 살아가는 것이 참 만족을 구할 수 있는 행복한 삶이 되는 것이다.

믿음은 바라는 것들의 실상이요 보이지 않는 것들의 증거니 선진들이 이로써 증거를 얻었느니라 믿음으로 모든 세계가 하나님의 말씀으로 지어진 줄을 우리가 아나니 보이는 것은 나타난 것으로 말미암아 된 것이 아니니라.(히 11:1-3)

너희는 여호와를 영원히 신뢰하라 주 여호와는 영원한 반석이심이로다.(사 26:4)

내가 반드시 너를 구원할 것인즉 네가 칼에 죽지 아니하고 네가 노략물 같이 네 목숨을 얻을 것이니 이는 네가 나를 믿었

음이라 여호와의 말씀이니라 하시더라.(렘 39: 18)

믿음이 약한 사람은 염려가 많다. 예수님은 창조주이신 하나님을 믿고 의복이나 양식 등 불필요한 것에 대한 염려를 버리고 오직 그의 나라와 그의 의를 구하라고 강조하신다. 그리고 하나님만을 두려워하라고 가르치신다. 성경에서 강조하는 믿음은 원칙적으로 하나님의 존재와 예수님의 탄생과 부활, 말씀에 대한 확고한 믿음을 말한다. 이 믿음만 있으면 죄에서 사함 받아 은혜를 받을 수 있고 기도로 구하는 모든 것을 받을 수 있다.

보라 그의 마음은 교만하며 그 속에서 정직하지 못하나 의인은 그의 믿음으로 말미암아 살리라.(합 2:4)

그러므로 내가 너희에게 이르노니 목숨을 위하여 무엇을 먹을까 무엇을 마실까 몸을 위하여 무엇을 입을까 염려하지 말라 목숨이 음식보다 중하지 아니하며 몸이 의복보다 중하지 아니하냐 공중의 새를 보라 심지도 않고 거두지도 않고 창고에 모아들이지도 아니하되 너희 하늘 아버지께서 기르시나니 너희는 이것들보다 귀하지 아니하냐 너희 중에 누가 염려함으로 그 키를 한 자라도 더할 수 있겠느냐 또 너희가 어찌 의복을 위하여 염려하느냐 들의 백합화가 어떻게 자라는가 생각하여 보라 수

고도 아니 하고 길쌈도 아니 하느니라

　그러나 내가 너희에게 말하노니 솔로몬의 모든 영광으로도 입은 것이 이 꽃 하나만 같지 못하였느니라 오늘 있다가 내일 아궁이에 던져지는 들풀도 하나님이 이렇게 입히시거든 하물며 너희일까 보냐. 믿음이 작은 자들아 그러므로 염려하여 이르기를 무엇을 먹을까 무엇을 마실까 무엇을 입을까 하지 말라. 이는 다 이방인들이 구하는 것이라 너희 하늘 아버지께서 이 모든 것이 너희에게 있어야 할 줄을 아시느니라 그런즉 너희는 먼저 그의 나라와 그의 의를 구하라 그리하면 이 모든 것을 너희에게 더하시리라 그러므로 내일 일을 위하여 염려하지 말라 내일 일은 내일이 염려할 것이요 한 날의 괴로움은 그 날로 족하니라.(마 6:25-34, 눅 12:22-31)

　나도 남의 수하에 있는 사람이요 내 아래에도 군사가 있으니 이더러 가라 하면 가고 저더러 오라 하면 오고 내 종더러 이것을 하라 하면 하나이다 예수께서 들으시고 놀랍게 여겨 따르는 자들에게 이르시되 내가 진실로 너희에게 이르노니 이스라엘 중 아무에게서도 이만한 믿음을 보지 못하였노라 예수께서 백부장에게 이르시되 가라 네 믿는 대로 될지어다 하시니 그 즉시 하인이 나으니라.(마 8:9-10,13, 눅 7:8-10,)

　바다에 큰 놀이 일어나 배가 물결에 덮이게 되었으되 예수께

서는 주무시는지라 그 제자들이 나아와 깨우며 이르되 주여 구
원하소서 우리가 죽겠나이다. 예수께서 이르시되 어찌하여 무
서워하느냐 믿음이 작은 자들아 하시고 곧 일어나사 바람과
바다를 꾸짖으시니 아주 잔잔하게 되거늘(마 8:24-26, 막 4:37-
40, 눅 8:23-25)

열두 해 동안이나 혈루증으로 앓는 여자가 예수의 뒤로 와서
그 겉옷 가를 만지니 이는 제 마음에 그 겉옷만 만져도 구원을
받겠다 함이라 예수께서 돌이켜 그를 보시며 이르시되 딸아 안
심하라 네 믿음이 너를 구원하였다 하시니 여자가 그 즉시 구원
을 받으니(마 9:20-22, 막 5:25-34, 눅 8:43-48)

예수께서 집에 들어가시매 맹인들이 그에게 나아오거늘 예
수께서 이르시되 내가 능히 이 일 할 줄을 믿느냐 대답하되 주
여 그러하오이다 하니 이에 예수께서 이르시되 너희 믿음대로
되라 하시니(마 9:28-29)

밤 사경에 예수께서 바다 위로 걸어서 제자들에게 오시니 제
자들이 그가 바다 위로 걸어오심을 보고 놀라 유령이라 하며
무서워하여 소리 지르거늘 예수께서 즉시 이르시되 안심하라
나니 두려워하지 말라 베드로가 대답하여 이르되 주여 만일 주
님이시거든 나를 명하사 물위로 오라 하소서 하니 오라 하시
니 베드로가 배에서 내려 물위로 걸어서 예수께로 가되 바람

을 보고 무서워 빠져 가는지라 소리 질러 이르되 주여 나를 구원하소서 하니 예수께서 즉시 손을 내밀어 그를 붙잡으시며 이르시되 믿음이 작은 자여 왜 의심하였느냐 하시고 배에 오르매 바람이 그치는 지라.(마 14:25-32, 막 6:48-51, 요 6:16-21)

여자가 와서 예수께 절하며 이르되 주여 저를 도우소서 대답하여 이르시되 자녀의 떡을 취하여 개들에게 던짐이 마땅하지 아니하니라 여자가 이르되 주여 옳소이다마는 개들도 제 주인의 상에서 떨어지는 부스러기를 먹나이다 하니 이에 예수께서 대답하여 이르시되 여자여 네 믿음이 크도다 네 소원대로 되리라 하시니 그 때로부터 그의 딸이 나으니라.(마 15:25-28, 막 7:25-30)

예수께서 대답하여 이르시되 믿음이 없고 패역한 세대여 내가 얼마나 너희와 함께 있으며 얼마나 너희에게 참으리요 그를 이리로 데려오라 하시니라 이에 예수께서 꾸짖으시니 귀신이 나가고 아이가 그때부터 나으니라 이때에 제자들이 조용히 예수께 나아와 이르되 우리는 어찌하여 쫓아내지 못하였나이까 이르시되 너희 믿음이 작은 까닭이니라 진실로 너희에게 이르노니 만일 너희에게 믿음이 겨자씨 한 알 만큼만 있어도 이 산을 명하여 여기서 저기로 옮겨지라 하면 옮겨질 것이요 또 너희가 못할 것이 없으리라.(마 17:17-20, 막 9:19-24, 눅 9:41-42)

성경 속의 리더십 사다리

예수께서 대답하여 이르시되 내가 진실로 너희에게 이르노니 만일 너희가 믿음이 있고 의심하지 아니하면 이 무화과나무에게 된 이런 일만 할 뿐 아니라 이 산더러 들려 바다에 던져지라 하여도 될 것이요 너희가 기도할 때에 무엇이든지 믿고 구하는 것은 다 받으리라 하시니라.(마 21:21–22, 막 11:23–24)

무리들 때문에 예수께 데려갈 수 없으므로 그 계신 곳의 지붕을 뜯어 구멍을 내고 중풍병자가 누운 상을 달아내리니 예수께서 그들의 믿음을 보시고 중풍병자에게 이르시되 작은 자야 네 죄 사함을 받았느니라 하시니(막 2:4–5, 눅 5:19–20)

맹인 거지 바디매오가 길 가에 앉았다가 나사렛 예수시란 말을 듣고 소리 질러 이르되 다윗의 자손 예수여 나를 불쌍히 여기소서 하거늘 많은 사람이 꾸짖어 잠잠하라 하되 그가 더욱 크게 소리 질러 이르되 다윗의 자손이여 나를 불쌍히 여기소서 하는지라 예수께서 머물러 서서 그를 부르라 하시니 그들이 그 맹인을 부르며 이르되 안심하고 일어나라 그가 너를 부르신다 하매 맹인이 겉옷을 매버리고 뛰어 일어나 예수께 나아오거늘 예수께서 말씀하여 이르시되 네게 무엇을 하여 주기를 원하느냐 맹인이 이르되 선생님이여 보기를 원하나이다 예수께서 이르시되 가라 네 믿음이 너를 구원하였느니라 하시니 그가 곧 보게 되어 예수를 길에서 따르니라.(막 10:46하–52, 마 20:30–34, 눅 18:35–43)

믿고 세례를 받는 사람은 구원을 얻을 것이요 믿지 않는 사람은 정죄를 받으리라 믿는 자들에게는 이런 표적이 따르리니 곧 그들이 내 이름으로 귀신을 쫓아내며 새 방언을 말하며 뱀을 집어 올리며 무슨 독을 마실지라도 해를 받지 아니하며 병든 사람에게 손을 얹은즉 나으리라 하시더라.(막 16:16–18)

믿음의 기도는 병든 자를 구원하리니 주께서 그를 일으키시리라 혹시 죄를 범하였을지라도 사하심을 받으리라.(약 5:15)

하나님이 세상을 이처럼 사랑하사 독생자를 주셨으니 이는 그를 믿는 자마다 멸망하지 않고 영생을 얻게 하려 하심이라.(요 3:16)

예수께서 이르시되 너희는 표적과 기사를 보지 못하면 도무지 믿지 아니하리라 신하가 이르되 주여 내 아이가 죽기 전에 내려오소서 예수께서 이르시되 가라 네 아들이 살아 있다 하시니 그 사람이 예수께서 하신 말씀을 믿고 가더니 내려가는 길에서 그 종들이 오다가 만나서 아이가 살아 있다 하거늘 그 낫기 시작한 때를 물은즉 어제 일곱 시에 열기가 떨어졌나이다 하는지라 그의 아버지가 예수께서 네 아들이 살아 있다 말씀하신 그 때인 줄 알고 자기와 그 온 집안이 다 믿으니라.(요 4:48–53)

다음에서 이야기하는 믿음은 하나님의 아들이신 예수님을 믿고 예수님의 대속적인 죽음과 부활을 인정하는

성경 속의 리더십 사다리

것이다. 예수의 제자 요한은 이 믿음을 위해 요한복음을 기록했다.

예수께서 대답하여 이르시되 하나님께서 보내신 이를 믿는 것이 하나님의 일이니라 하시니(요 6:29)

예수께서 이르시되 나는 생명의 떡이니 내게 오는 자는 결코 주리지 아니할 터이요 나를 믿는 자는 영원히 목마르지 아니하리라 그러나 내가 너희에게 이르기를 너희는 나를 보고도 믿지 아니하는 도다 하였느니라.(요 6:35–36)

내 아버지의 뜻은 아들을 보고 믿는 자마다 영생을 얻는 이것이니 마지막 날에 내가 이를 다시 살리리라 하시니라.(요 6:40)

내가 진리를 말하므로 너희가 나를 믿지 아니하는 도다 너희 중에 누가 나를 죄로 책잡겠느냐 내가 진리를 말하는데도 어찌하여 나를 믿지 아니하느냐.(요 8:45–46)

만일 내가 내 아버지의 일을 행하지 아니하거든 나를 믿지 말려니와 내가 행하거든 나를 믿지 아니할지라도 그 일은 믿으라 그러면 너희가 아버지께서 내 안에 계시고 내가 아버지 안에 있음을 깨달아 알리라 하시니(요 10:37–38)

예수께서 이르시되 나는 부활이요 생명이니 나를 믿는 자는 죽어도 살겠고 무릇 살아서 나를 믿는 자는 영원히 죽지 아니하리니 이것을 네가 믿느냐(요 11:25–26)

예수께서 이르시되 내 말이 네가 믿으면 하나님의 영광을 보리라 하지 아니하였느냐 하시니(요 11:40)

너희에게 아직 빛이 있을 동안*에 빛을 믿으라 그리하면 빛의 아들이 되리라.(요 12:36)

예수께서 외쳐 이르시되 나를 믿는 자는 나를 믿는 것이 아니요 나를 보내신 이를 믿는 것이며 나를 보는 자는 나를 보내신 이를 보는 것이니라 나는 빛으로 세상에 왔나니 무릇 나를 믿는 자로 어둠에 거하지 않게 하려 함이로라.(요 12:44-46)

아버지께서 내 안에, 내가 아버지 안에 있는 것 같이 그들도 다 하나가 되어 우리 안에 있게 하사 세상으로 아버지께서 나를 보내신 것을 믿게 하옵소서(요 17:21)

도마에게 이르시되 네 손가락을 이리 내밀어 내 손을 보고 네 손을 내밀어 내 옆구리에 넣어 보라 그리하여 믿음 없는 자가 되지 말고 믿는 자가 되라 도마가 대답하여 이르되 나의 주님이시오 나의 하나님이시니이다 예수께서 이르시되 너는 나를 본고로 믿느냐 보지 못하고 믿는 자들은 복되도다 하시니라. (요 20:27-29)

오직 이것을 기록함은 너희로 예수께서 하나님의 아들 그리

---

* '빛이 있는 동안'은 예수님이 지상에 계시는 동안을 뜻한다고 함.

성경 속의 리더십 사다리

스도이심을 믿게 하려 함이요 또 너희로 믿고 그 이름을 힘입어 생명을 얻게 하려 함이니라.(요 20:31)

이르되 주 예수를 믿으라 그리하면 너와 네 집이 구원을 받으리라 하고(행 16:31)

성경은 하나님의 약속을 믿는 자가 의인이며 믿음이 곧 의이므로 믿음을 따라 하지 않는 것은 다 죄가 된다고 가르치고 있다.

복음에는 하나님의 의가 나타나서 믿음으로 믿음에 이르게 하나니 기록된바 오직 의인은 믿음으로 말미암아 살리라 함과 같으니라.(롬 1:17)

일을 아니할지라도 경건하지 아니한 자를 의롭다 하시는 이를 믿는 자에게는 그의 믿음을 의로 여기시나니(롬 4:5)

아브라함이 바랄 수 없는 중에 바라고 믿었으니 이는 네 후손이 이 같으리라 하신 말씀대로 많은 민족의 조상이 되게 하려 하심이라 그가 백세나 되어 자기 몸이 죽은 것 같고 사라의 태가 죽은 것 같음을 알고도 믿음이 약하여지지 아니하고 믿음이 없어 하나님의 약속을 의심하지 않고 믿음으로 견고하여져서 하나님께 영광을 돌리며, 약속하신 그것을 또한 능히 이루실 줄을 확신하였으니 그러므로 그것이 그에게 의로 여겨졌느니

라.(롬 4:18-22)

네가 만일 네 입으로 예수를 주로 시인하며 또 하나님께서 그를 죽은 자 가운데서 살리신 것을 네 마음에 믿으면 구원을 받으리라 사람이 마음으로 믿어 의에 이르고 입으로 시인하여 구원에 이르느니라.(롬 10:9-10)

네게 있는 믿음을 하나님 앞에서 스스로 가지고 있으라 자기가 옳다 하는 바로 자기를 정죄하지 아니하는 자는 복이 있도다. 의심하고 먹는 자는 정죄되었나니 이는 믿음을 따라 하지 아니하였기 때문이라. 믿음을 따라 하지 아니하는 것은 다 죄니라.(롬 14:22-23)

깨어 믿음에 굳게 서서 남자답게 강건 하라.(고전16:13)

'믿음은 바라는 것들의 실상이요 보이지 않는 것들의 증거니'로 시작되는 히브리서 11장은 소위 '믿음장'으로서 보이지 않는 것에 대한 믿음은 하나님의 약속에 대한 무조건적인 신뢰에 바탕을 두는 것임을 일깨워 주고 있다. 히브리서 저자는 11장에서 하나님의 약속을 인내로서 믿었던 히브리 조상들을 등장시켜 우리의 신앙을 고무시키고 우리도 믿음으로 살도록 권면한다.

또한 성경은 믿음이 인내를 만들어 모든 시험과 시련을 이기게 해준다고 가르치면서 믿음으로 구하고 의심하지 말라고 강조하고 있다. 예수께서 곧 그리스도임을 믿는 것이 성경이 가르치는 믿음의 근본이지만 사회생활에서도 부부가 상대를 서로 믿는 것과 친구지간에도 서로 믿는 것이 신뢰의 근본이 된다. 서로 믿지 못하는 인간관계에서는 사랑과 신뢰가 이루어질 수 없으며, 리더십도 발휘될 수 없다.

> 오직 믿음으로 구하고 조금도 의심하지 말라. 의심하는 자는 마치 바람에 밀려 요동하는 바다 물결 같으니, 이런 사람은 무엇이든지 주께 얻기를 생각하지 말라.(약 1:6-7)
> 너희 믿음의 확실함은 불로 연단하여도 없어질 금보다 더 귀하여 예수 그리스도께서 나타나실 때에 칭찬과 영광과 존귀를 얻게 할 것이니라 예수를 너희가 보지 못하였으나 사랑하는 도다 이제도 보지 못하나 믿고 말할 수 없는 영광스러운 즐거움으로 기뻐하니 믿음의 결국 곧 영혼의 구원을 받음이라.(벧전 1:7-9)
> 예수께서 그리스도이심을 믿는 자마다 하나님께로부터 난 자니 또한 낳으신 이를 사랑하는 자마다 그에게서 난 자를 사랑하느니라.(요일 5:1)

성경 맨 앞에 '주기도문'과 함께 정리해 놓은 '사도신경'은 초대 교회 이후 주일 미사나 예배 때 신자들이 신앙을 고백하는 뜻에서 외우는 것이다. 다음의 '사도신경'은 기독교의 바탕이 되는 핵심 교리로서 앞에서 언급한 모든 믿음에 대한 성경 내용의 핵심만 담은 신앙 고백문이라고 할 수 있다. 따라서 이 '사도신경' 내용을 믿지 않는 사람은 참된 기독교인이 아니라고 할 수 있다.

나는 전능하신 아버지 하나님, 천지의 창조주를 믿습니다.
나는 그의 유일하신 아들,
우리 주 예수 그리스도를 믿습니다.
그는 성령으로 잉태되어 동정녀 마리아에게서 나시고,
본디오 빌라도에게 고난을 받아 십자가에 못 박혀 죽으시고,
장사된 지 사흘 만에 죽은 자 가운데서 다시 살아나셨으며,
하늘에 오르시어 전능하신 아버지 하나님 우편에 앉아 계시다가,
거기로부터 살아 있는 자와 죽은 자를 심판하러 오십니다.
나는 성령을 믿으며, 거룩한 공교회와 성도의 교제와
죄를 용서받는 것과 몸의 부활과 영생을 믿습니다. 아멘.

대부분의 사람들은 알고 있는 것만 믿는다. 따라서 믿는다는 것은 안다는 것과 같은 의미가 되기도 한다. 베드로는 오히려 믿고 알았다고 고백했다. (요 6:69)

16. 아내를 사랑하고 남편에게 복종하라

　　성경은 행복한 부부생활을 위하여 자기 아내만을 통해 성적 즐거움을 누릴 것을 권면하고 있으며, 남편에게는 자신을 사랑하듯 또는 주님이 교회를 사랑하듯 아내를 사랑하라고 강조하고 아내들에게는 주께 하듯 남편에게 복종하고 존경하라고 권면한다. 지금 시대가 어느 시대인데 복종을 강조하느냐고 할 수도 있으나 남편을 배려하고 이해하여 따르라는 말로 해석하면 문제가 없다.

　　배우자에 대한 이해와 배려가 곧 사랑이며 배우자를 사랑한다는 것은 곧 배우자에 대하여 항상 이해하고 배려한다는 것을 의미한다. 선택은 자기가 해놓고 자기가 생각했던 것보다 상대가 부족하다고 느끼게 되었다면 그것은 상대에 대한 사랑이 이미 식어가고 있음을 인식하고 반성해야 한다. 성경은 또 현숙한 아내의 조건은 여호와를 경외하며 근면하게 살아가는 여인

이라고 말하고 있다.(잠 31:10–29)

네 샘으로 복되게 하라. 네가 젊어서 취한 아내를 즐거워하라 그는 사랑스러운 암사슴 같고 아름다운 암노루 같으니 너는 그의 품을 항상 족하게 여기며 그의 사랑을 항상 연모하라.(잠 5:18–19)

어진 여인은 그 지아비의 면류관이나 욕을 끼치는 여인은 그 지아비의 뼈가 썩음 같게 하느니라.(잠 12:4)

다투는 아내(여자)는 (비오는 날에) 이어 떨어지는 물방울이니라.(잠 19:13하, 27:15)

다투는 여인과 함께 큰 집에서 사는 것보다 움막에서 사는 것이 나으니라.(잠 21:9, 25:24)

다투며 성내는 여인과 함께 사는 것보다 광야에서 사는 것이 나으니라.(잠 21:19)

성경은 특히 다투는 여자(아내)를 경계하고 있다. 물론 다툼은 혼자 하는 것이 아니지만 남편들이 다툼의 빌미를 제공하는 경우가 많다고 하더라도 그것을 빌미로 다투기보다는 말이 많은 아내들 스스로 다투는 것을 자제하는 것이 가정의 평화를 가져오는 것임을 강조한 것으로 해석된다.

성경 속의 리더십 사다리

아내들이여 자기 남편에게 복종하기를 주께 하듯 하라 이는 남편이 아내의 머리됨이 그리스도께서 교회의 머리됨과 같음이니 그가 바로 몸의 구주시니라 그러므로 교회가 그리스도에게 하듯 아내들도 범사에 자기 남편에게 복종할지니라 남편들아 아내 사랑하기를 그리스도께서 교회를 사랑하시고 그 교회를 위하여 자신을 주심 같이 하라.(엡 5:22-25)

이와 같이 남편들도 자기 아내 사랑하기를 자기 자신과 같이 할지니 자기 아내를 사랑하는 자는 자기를 사랑하는 것이라.(엡 5:28)

그러나 너희도 각각 자기의 아내 사랑하기를 자신 같이 하고 아내도 자기 남편을 존경하라.(엡 5:33)

아내들아 남편에게 복종하라 이는 주 안에서 마땅하니라 남편들아 아내를 사랑하며 괴롭게 하지 말라.(골 3:18-19)

하나님의 뜻은 이것이니 너희의 거룩함이라 곧 음란을 버리고 각각 거룩함과 존귀함으로 자기의 아내 대할 줄을 알고 하나님을 모르는 이방인과 같이 색욕을 따르지 말고(살전 4:3-5)

아내들아 이와 같이 자기 남편에게 순종하라 이는 혹 말씀을 순종하지 않는 자라도 말로 말미암지 않고 그 아내의 행실로 말미암아 구원을 받게 하려 함이니 너희의 두려워하며 정결한 행실을 봄이라 너희의 단장은 머리를 꾸미고 금을 차고 아름다운 옷을 입는 외모로 하지 말고 오직 마음에 숨은 사람을 온유하고 안정한 심령의 썩지 아니할 것으로 하라 이는 하나님 앞에 값진 것이니라

전에 하나님께 소망을 두었던 거룩한 부녀들도 이와 같이 자기 남편에게 순종함으로 자기를 단장하였나니 사라가 아브라함을 주라 칭하여 순종한 것 같이 너희는 선을 행하고 아무 두려운 일에도 놀라지 아니하면 그의 딸이 된 것이니라 남편들아 이와 같이 지식을 따라 너희 아내와 동거하고 그를 더 연약한 그릇이요 또 생명의 은혜를 함께 이어받을 자로 알아 귀히 여기라 이는 너희 기도가 막히지 아니하게 하려 함이라.(벧전 3:1-7)

요즘은 연애시절에 여러 이성을 경험해야 자기와 맞는 이성을 만날 수 있다는 논리로 만나고 헤어지는 것을 수없이 해도 흉이 되지 않고 있다. 더욱이 여러 조건을 다 검토하며 결정한 결혼에도 불구하고 조기 이혼은 기본이고, 20년 이상 된 부부가 하는 '황혼 이혼'이라는 것도 심심치 않게 행해지는 세상이다.

성경에서는 한 번 결혼하면 평생 헤어져서는 안 되며, 기도를 위한 경우 외에는 자칫 시험에 빠질 수 있음을 생각하여 분방도 하지 말라고 가르치고 있다. 부부싸움은

'해지기 전에 화해하라'는 옛 말도 같은 의미라고 생각된다. 나이가 들면 분방하는 것을 당연한 것처럼 말하는 사람들은 부부의 애정이 식었음을 인식하고 반성하여야 한다.

예수께서 대답하여 이르시되 사람을 지으신 이가 본래 그들을 남자와 여자로 지으시고

말씀하시기를 그러므로 사람이 그 부모를 떠나서 아내에게 합하여 그 둘이 한 몸이 될지니라 하신 것을 읽지 못하였느냐 그런즉 이제 둘이 아니요 한 몸이니 그러므로 하나님이 짝지어 주신 것을 사람이 나누지 못할지니라 하시니(마 19:4-6, 막 10:5-9)

아내는 자기 몸을 주장하지 못하고 오직 그 남편이 하며 남편도 그와 같이 자기 몸을 주장하지 못하고 오직 그 아내가 하나니 서로 분방하지 말라 다만 기도할 틈을 얻기 위하여 합의상 얼마 동안은 하되 다시 합하라 이는 너희가 절제 못함으로 말미암아 사탄이 너희를 시험하지 못하게 하려함이(고전 7:4-5)

성경은 결혼한 부부가 음행한 이유 외에 갈라서는 것을 금하고 있다. 혹시 부부 중 한 사람이 믿지 아니하는 경우가 있어도 상대방이 같이 살기를 원하면 버리지 말

라고 가르친다. 혹시 믿지 않은 사람이 믿는 상대방으로 인하여 구원받을지 알 수 없기 때문이다.

그런즉 이제 둘이 아니요 한 몸이니 그러므로 하나님이 짝지어 주신 것을 사람이 나누지 못할지니라 하시니(마 19:6)

내가 너희에게 말하노니 누구든지 음행한 이유 외에 아내를 버리고 다른 데 장가드는 자는 간음함이니라.(마 19:9)

결혼한 자들에게 내가 명하노니(명하는 자는 내가 아니요 주시라) 여자는 남편에게서 갈라서지 말고 (만일 갈라섰으면 그대로 지내든지 다시 그 남편과 화합하든지 하라) 남편도 아내를 버리지 말라 그 나머지 사람들에게 내가 말하노니 (이는 주의 명령이 아니라) 만일 어떤 형제에게 믿지 아니하는 아내가 있어 남편과 함께 살기를 좋아하거든 그를 버리지 말며 어쩐 여자에게 믿지 아니하는 남편이 있어 아내와 함께 살기를 좋아하거든 그 남편을 버리지 말라

믿지 아니하는 남편이 아내로 말미암아 거룩하게 되고 믿지 아니하는 아내가 남편으로 말미암아 거룩하게 되나니 그렇지 아니하면 너희 자녀도 깨끗하지 못하니라 그러나 이제 거룩하니라 혹 믿지 아니하는 자가 갈리거든 갈리게 하라 형제나 자매나 이런 일에 구애 될 것이 없느니라 그러나 하나님은 화평

성경 속의 리더십 사다리

중에서 너희를 부르셨느니라 아내 된 자여 네가 남편을 구원할

는지 어찌 알 수 있으며 남편 된 자여 네가 네 아내를 구원하는

지 어찌 알 수 있으리요.(고전 7:10–16)

17. 항상 감사하라

성경은 범사에 감사하라고 하면서 이것은 하나님의 뜻이라고 했다.(살전 5:18) 감사의 기본 대상은 여호와이시다. 그것은 모든 은혜를 여호와께로부터 받았고 만물이 다 그로 말미암아 창조되었을 뿐 아니라 우리의 죄를 속하기 위해 독생자를 주셨기 때문이다. 따라서 우리가 숨 쉬는 것이나 삶을 영위하면서 부딪치는 모든 것이 감사의 대상이 되는 것이며, 우리 주 예수 그리스도의 이름으로 하나님께 감사하는 것이다.(엡 5:20) 감사는 우리 삶을 변화시키는 놀라운 힘이다.

성경에서는 우리가 감사할 수밖에 없는 이유를 여호와는 선하시며 그의 인자하심이 영원하기 때문이라고 말한다.(시 106:1, 107: 1, 118:1,29, 136:1) 우리는 여호와께서 우리에게 주신 대로 범사에 감사해야 한다. 범사에 감사하면 행복을 느끼게 되며 나아가 감사할 일만 생긴다. 결국

성경 속의 리더십 사다리

우리 삶이 항상 감사함 속에서 이루어진다면 모든 것이 즐겁고 긍정적으로 변화되어 행복하게 살아갈 수 있다는 뜻이다. 세상은 감사할 줄 아는 사람의 것이라는 말도 그런 의미라고 생각한다. 감사하는 마음으로 살아가면 삶이 그렇게 고달픈 것이 아님을 깨닫게 될 것이다.

감사로 제사를 드리는 자가 나를 영화롭게 하나니 그의 행위를 옳게 하는 자에게 내가 하나님의 구원을 보이리라.(시 50:23)

그 날에 너희가 또 말하기를 여호와께 감사하라 그의 이름을 부르며 그의 행하심을 만국 중에 선포하며 그의 이름이 높다 하라.(사 12: 4)

범사에 우리 주 예수 그리스도의 이름으로 항상 아버지 하나님께 감사하며(엡 5:20)

아무 것도 염려하지 말고 다만 모든 일에 기도와 간구로, 너희 구할 것을 감사함으로 하나님께 아뢰라.(빌 4:6)

그러므로 너희가 그리스도 예수를 주로 받았으니 그 안에서 행하되 그 안에 뿌리를 박으며 세움을 받아 교훈을 받은 대로 믿음에 굳게 서서 감사함을 넘치게 하라.(골 2:6-7)

너희는 평강을 위하여 한 몸으로 부르심을 받았나니 너희는 또한 감사하는 자가 되라.그리스도의 말씀이 너희 속에 풍성히

거하여 모든 지혜로 피차 가르치며 권면하고 시와 찬송과 신령한 노래를 부르며 감사하는 마음으로 하나님을 찬양하고 또 무엇을 하든지 말에나 일에나 다 주 예수의 이름으로 하고 그를 힘입어 하나님 아버지께 감사하라.(골 3:15하-17)

범사에 감사하라 이것이 그리스도 예수 안에서 너희를 향하신 하나님의 뜻이니라.(살전 5:18)

하나님께서 지으신 모든 것이 선하매 감사함으로 받으면 버릴 것이 없나니.(딤전 4:4)

감사하는 마음은 기뻐하는 마음이다. 항상 기뻐하라는 성경 말씀은 인간의 삶에서 가져야 하는 감정적인 기쁨만 뜻하는 것이 아니라 주님 안에서 갖는 성령 충만의 기쁨이라는 것이 성경학자들의 견해다. 기뻐하는 것이나 즐거워하는 것과 좋아하는 것 사이의 개념 차이가 성경 원문의 번역의 차이일는지 모르지만 일단 우리말로 번역된 내용을 가지고 분류하였다.

'하나님이 지으신 그 모든 것을 보시니 보시기에 심히 좋았더라. 저녁이 되고 아침이 되니 이는 여섯째 날이니라.'(창 1:31)에서와 같이 창조주 하나님은 6일 동안 천지를 창조하시고 심히 좋아하셨다. 심히 좋아하셨다는 것은 매우 기뻐하셨다는 것을 의미한다. 즉 자기 행위에 대해 기뻐하는 모습을 솔선하여 보여준 것이라고 할 수 있다. 예수님은 하나님을 믿고 박해받는 것까지도 기뻐하라고 말씀하신다. 바울도 예수님을 따라 그가 박해받는 것을 기뻐하였다. 기뻐하는 삶은 감사와 찬송이 뒤따르고 행복이 찾아온다. 따라서 시편에 보면 '여호와를 찬송하라'는 뜻의 '할렐루야'를 여러 곳에서 볼 수 있다.(시 104:36, 105:45, 106:48, 112:1, 113:1, 115:18, 117:2, 135:1, 21, 146:1, 10, 147:1, 20 148:1, 14 149:1, 9, 150:1, 6) 기뻐해야 '할렐루야'를 외칠 수 있는 것이다.

> 기뻐하고 즐거워하라 하늘에서 너희의 상이 큼이라 너희 전에 있던 선지자들도 이같이 박해하였느니라.(마 5:12)
> 만일 너희 믿음의 제물과 섬김 위에 내가 나를 전제로 드릴지라도 나는 기뻐하고 너희 무리와 함께 기뻐하리니 이와 같이 너희도 기뻐하고 나와 함께 기뻐하라.(빌 2:17-18)
> 나의 형제들아 주 안에서 기뻐하라 내가 다시 말하노니 기뻐하라.(빌 3:1상, 4:4)
> 항상 기뻐하라.(살전 5:16)

예수님은 우리에게 기뻐하라고 하시기보다는 오히려 우리에게 기쁨을 주신다. 우리가 예수님 말씀을 듣고 예수님 안에 거하는 것, 예수님의 순교, 부활은 물론 하나님을 믿게 된 것 자체가 기쁨이다. 진실한 믿음은 우리에게 기쁨을 준다.

내가 이것을 너희에게 이름은 내 기쁨이 너희 안에 있어 너희 기쁨을 충만하게 하려 함이라.(요 15:11)

네가 진실로 진실로 너희에게 이르노니 너희는 곡하고 애통하겠으나 세상은 기뻐하리라 너희는 근심하겠으나 너희 근심이 도리어 기쁨이 되리라.(요 16:20)

지금은 너희가 근심하나 내가 다시 너희를 보리니 너희 마음이 기쁠 것이요 너희 기쁨을 빼앗을 자가 없으리라.(요 16:22)

그들을 데리고 자기 집에 올라가서 음식을 차려 주고 그와 온 집안이 하나님을 믿으므로 크게 기뻐하니라.(행 16:34)

감사하면 즐겁고 즐거워하면 즐거운 일만 생기게 되어있다. 비록 웃을 때에도 슬픔이 있고 즐거움 끝에도 근심이 있지만 웃는 연습을 생활화하면 즐겁게 살 수 있다. 웃음은 만병의 예방약인 동시에 치료약이 되기 때문이다. 웃음은 노인을 젊게 만든다는 말도 있다. 실제로 웃는다고 노인이 젊어지지는 않겠지만 젊은이들처럼 삶을 즐겁게 살 수 있다는 말일 것이다. 삶을 즐겁게 사는 것이 슬기롭게 사는 것이다. 삶을 긍정적으로 살 때 즐거워할 수 있다. 성경은 고통과 즐거움은 자기 마음에 달려 있음을 가르치고 있다. 즉 스스로 즐거워하는 삶이 우리가 추구하는 행복한 삶이 되는 것이다.

마음의 고통은 자기가 알고 마음의 즐거움은 타인이 참여하지 못하느니라.(잠 14:10)
마음이 즐거움은 양약이라도 심령의 근심은 뼈를 마르게 하느니라.(잠 17:22)

18. 비판(판단)하지 말라

　상대를 비방한다든가 미워하는 것은 자기의 주관적인 판단과 다르기 때문에 나타나는 현상이다. 특히 타인의 약점이나 실수를 용서하지 못하고 비판하는 것은 스스로에게 죄를 짓는 것이나 마찬가지다. 잘못한 상대를 미워하여 비방하는 것은 범인凡人으로서는 어찌 보면 자연스러운 것일 수도 있지만, 미워하여 비방하면 자기 자신의 마음이 다치고 괴로움을 느끼게 된다. 결국 나만 손해 보게 되는 것이다.

　성경은 자기의 임의 판단으로 상대를 평가하고 비방하지 않도록 주의시키고 있다. 그 이유는 전능하신 하나님 외에 자기의 객관적 판단이나 편견으로 남을 비판하는 것은 옳지 못한 것이기 때문이다. 우리는 모두 부족한 죄인으로서 어떻게 다른 사람을 판단하고 비판할 수 있느냐는 것이다. 심판은 하나님만이 하시는 것이라는 말이다.

보상을 얻으려고 친구를 비난하는 자는 그의 자손들의 눈이 멀게 되리라.(욥 17:5)

너는 네 백성 중에 돌아다니며 사람을 비방하지 말며(레 19:16상)

그의 혀로 남을 허물하지 아니하고 그의 이웃에게 악을 행하지 아니하며 그의 이웃을 비방하지 아니하며(시 15:3)

비판을 받지 아니하려거든 비판하지 말라 너희가 비판하는 그 비판으로 너희가 비판을 받을 것이요 너희가 헤아리는 그 헤아림으로 너희가 헤아림을 받을 것이니라 어찌하여 형제의 눈 속에 있는 티는 보고 네 눈 속에 잇는 들보는 깨닫지 못하느냐 보라 네 눈 속에 들보가 있는데 어찌하여 형제에게 말하기를 나로 네 눈 속에 있는 티를 빼게 하라 하겠느냐 외식하는 자여 먼저 네 눈 속에서 들보를 빼어라 그 후에야 밝히 보고 형제의 눈 속에서 티를 빼리라.(마 7:1-4, 눅 6:41-42)

비판하지 말라 그리하면 너희가 비판받지 않을 것이요 정죄하지 말라 그리하면 너희가 정죄를 받지 않을 것이요.(눅 6:37상)

그러므로 남을 판단하는 사람아 누구를 막론하고 네가 핑계하지 못할 것은 남을 판단하는 것으로 네가 너를 정죄함이니 판단하는 네가 같은 일을 행함이니라.(롬 2:1)

믿음이 연약한 자를 너희가 받되 그의 의견을 비판하지 말라.(롬 14:1)

네가 어찌하여 네 형제를 비판하느냐 어찌하여 네 형제를 업신여기느냐 우리가 다 하나님의 심판대 앞에 서리라.(롬 14:10)

그런즉 우리가 다시는 서로 비판하지 말고 도리어 부딪칠 것이나 거칠 것을 형제 앞에 두지 아니하도록 주의하라.(롬 14:13)

그러므로 먹고 마시는 것과 절기나 초하루나 안식일을 이유로 누구든지 너희를 비판하지 못하게 하라.(골 2:16)

형제들아 서로 비방하지 말라 형제를 비방하는 자나 형제를 판단하는 자는 곧 율법을 비방하고 율법을 판단하는 것이라 네가 만일 율법을 판단하면 율법의 준행자가 아니요 재판관이로다 입법자와 재판관은 오직 한 분이시니 능히 구원하기도 하시며 멸하기도 하시느니라 너는 누구이기에 이웃을 판단하느냐.(약 4:11-12)

형제들아 서로 원망하지 말라 그리하여야 심판을 면하리라 보라 심판주가 문 밖에 서 계시니라.(약 5:9)

개인적인 비난이 아니라 조직 사회에서도 상사로부터 업무 미숙이나 잘못된 일처리로 인하여 비판받는 경우가 있다. 물론 조직의 리더로서는 '이 세상에 완벽한 사람은 없다'는 사실을 인지하고 업무처리 결과를 비난하기 전에 원인을 철저히 파악하여 대책을 마련하는 것이 올바른 방식이라는 것을 알고 있지만 그냥 모른 체하고 지나칠 수도 없는 노릇이다. 비난을 받는 당사자로서는 일단 기분이 나쁘겠지만 상사를 미워한다거나 뒤에서 악담 등을 해서는 안 된다.

상사의 비판에 대한 올바른 방법은 상사를 비난하기보다는 그 비판을 받아들여 적극적으로 사태를 해결하려는 모습을 보이는 것이다. 업무의 잘못이나 실패로부터 교훈을 얻고 잘못을 고쳐 다시는 유사한 실수가 재발하지 않도록 노력하는 것은 당사자에게 반전의 기회가 될 수도 있다.

19. 간구(기도)하라

　기도는 어떠한 광물도 녹일 수 있으며, 낙수落水가 바위를 뚫듯 바위도 옮길 수 있고, 캄캄한 동굴에서 한 줄기 빛이 되기도 한다. 기도는 하나님과의 대화이므로 믿음을 가지고, 인내하며, 용서와 사랑을 기반으로 하여, 무엇이든 마음속의 것을 아뢰면 된다. 그 대신 하나님께 정직하게 말해야 한다. 기도는 자기를 반성하게 하며, 그 반성을 토대로 하나님은 우리가 간구하는 모든 것을 들어주신다.

　다윗은 우리가 간구하면 여호와께서 들으시는 분이시므로 평생 기도하겠다고 다짐했으며, 자기가 여호와께 간구하여 모든 것을 얻은 사실을 자료로 삼아 시편에서 다음과 같이 여호와를 찬송하였다. 또한 다니엘은 왕만을 섬기라는 금령에도 불구하고 하나님께 하루 세 번씩 기도하고 간구하며 감사하여(단 6:10~11) 사자 굴에 던져졌

으나 하나님의 보호를 받았다.(단 6:16-20)

여호와께서 내 음성과 내 간구를 들으시므로 내가 그를 사랑
하는도다 그의 귀를 내게 기울이셨으므로 내가 평생에 기도하
리로다.(시 116:1-2)
여호와께서는 자기에게 간구하는 모든 자 곧 진실하게 간구
하는 모든 자에게 가까이 하시는도다.(시 145:18)

예수님은 은밀한 중에 하나님 아버지께 기도하면 은밀
한 중에 보시는 네 아버지께서 갚으시리라고 하시며 이
렇게 기도하라고 우리가 아는 '주기도문' 내용(마 6:9-13, 눅
11:2-4)을 가르쳐주셨다. 그리고 예수님은 문제가 있을 때
마다 기도하라고 하셨으며, 온 마음으로 구하면 무엇이
든지 이룰 수 있다고 하셨다. 그러나 기도는 이기적인 마
음에서 나오는 개인적 간구보다 '너희는 먼저 그의 나라
와 그의 의를 구하라'(마 6:33)에서 가르치는 것처럼 먼저
하나님께 영광 돌리고 공적인 일을 감당하기 위해 복 주
시기를 간구하는 기도여야 한다고 생각된다.
우리가 기도할 때, 기도 말미에 항상 '예수님 이름으로
기도드립니다.'라고 하는 것은 예수님이 제자들에게 '내
이름으로' 기도하라고 가르치셨기 때문이다.(요 14: 14) '예

수님의 이름으로' 기도를 드린다는 의미는 기도의 내용 및 동기가 예수님의 인격과 목적에 일치한다는 것을 뜻한다.

> 너희가 내게 부르짖으며 내게 와서 기도하면 내가 너희들의 기도를 들을 것이요 너희가 온 마음으로 나를 구하면 나를 찾을 것이요 나를 만나리라.(렘 29:12-13)
>
> 너는 내게 부르짖으라 내가 네게 응답하겠고 네가 알지 못하는 크고 은밀한 일을 네게 보이리라.(렘 33:3)
>
> 너는 기도할 때에 네 골방에 들어가 문을 닫고 은밀한 중에 계신 네 아버지께 기도하라 은밀한 중에 보시는 네 아버지께서 갚으시리라.(마 6:6)
>
> 그런즉 너희는 먼저 그의 나라와 그의 의를 구하라 그리하면 이 모든 것을 너희에게 더하시리라.(마 6:33)
>
> 구하라 그리하면 너희에게 주실 것이요 찾으라 그리하면 찾아낼 것이요 문을 두드리라 그리하면 너희에게 열릴 것이니 구하는 이마다 받을 것이요 찾는 이는 찾아낼 것이요 두드리는 이에게는 열릴 것이니라 너희 중에 누가 아들이 떡을 달라 하는데 돌을 주며 생선을 달라 하는데 뱀을 줄 사람이 있겠느냐 너희가 악한 자라도 좋은 것으로 자식에게 줄 줄 알거든 하물며 하늘에 계신 너희 아버지께서 구하는 자에게 좋은 것으

로 주시지 않겠느냐 그러므로 무엇이든지 남에게 대접을 받고자 하는 대로 너희도 남을 대접하라 이것이 율법이요 선지자니라.(마 7:7-11, 눅 11:9-13)

진실로 다시 너희에게 이르노니 너희 중의 두 사람이 땅에서 합심하여 무엇이든지 구하면 하늘에 계신 내 아버지께서 그들을 위하여 이루게 하시리라.(마 18:19)

너희가 기도할 때에 무엇이든지 믿고 구하는 것은 다 받으리라 하시니라.(마 21:22)

그러므로 내가 너희에게 말하노니 무엇이든지 기도하고 구하는 것은 받은 줄로 믿으라. 그리하면 너희에게 그대로 되리라.(막 11:24)

유혹에 빠지지 않게 기도하라 하시고(눅 22:40하)

어찌하여 자느냐 시험에 들지 않게 일어나 기도하라 하시니라.(눅 22:46하)

내 이름으로 무엇이든지 내게 구하면 내가 행하리라.(요 14:14)

너희가 무엇이든지 아버지께 구하는 것을 내 이름으로 주시리라 지금까지는 너희가 내 이름으로 아무 것도 구하지 아니하였으나 구하라 그리하면 받으리니 너희 기쁨이 충만하리라.(요 16:23하-24)

누구든지 주의 이름을 부르는 자는 구원을 받으리라.

(욜 2:32상, 행 2:21, 롬 10:13)

소망 중에 즐거워하며 환난 중에 참으며 기도에 항상 힘쓰며

(롬 12:12)

쉬지 말고 기도하라.(살전 5:17)

형제들아 우리를 위하여 기도하라.(살전 5:25)

아무 것도 염려하지 말고 다만 모든 일에 기도와 간구로 너희 구할 것을 감사함으로 하나님께 아뢰라.(빌 4:6)

기도를 계속하고 기도에 감사함으로 깨어 있으라.(골 4:2)

너희 중에 누구든지 지혜가 부족하거든 모든 사람에게 후히 주시고 꾸짖지 아니하시는 하나님께 구하라 그리하면 주시리라.(약 1:5)

너희가 얻지 못함은 구하지 아니하기 때문이요.(약 4:2하)

만물의 마지막이 가까이 왔으니 그러므로 너희는 정신을 차리고 근신하여 기도하라.(벧전 4:8)

하나님은 늘 기도하는 자에게 대답하신다. 그럼에도 불구하고 일상생활에서 우리가 기도를 소홀히 하는 근본적 이유는 우리가 하나님의 능력을 믿지 않기 때문이다. 성경에는 분명히 무엇이든지 구하면 다 주신다고 했는데도 구하지 않기 때문에 얻지 못하는 것이라고 말하고 있다.

성경 속의 리더십 사다리

어렸을 때 우리는 부모에게 무엇이든지 내게 필요한 것은 다 요청하여 도움을 받았다. 물론 우리의 부모는 능력이 부족하여 어떤 경우에는 다 해결해 주지 못할 때도 있었지만 부모로서 최대의 노력을 경주하여 우리의 요구를 들어주셨다. 하물며 전지전능하신 하나님이 우리의 기도를 못 들어주실 것이 있겠는가? 믿음이 강할수록 더 많이 기도하고 더 많이 기도할수록 더 많은 응답을 받는다는 간단한 논리인데도 우리가 아직도 해매고 있는 것은 아닌지 반성해야 할 일이다.

그렇다고 내게 필요한 무언가를 얻기 위해서만 기도하는 것은 기도의 부수적인 부분에 불과하다. 기도는 우리가 하나님과 소통할 수 있는 가장 중요한 통로이지만 우리의 요청만 강조해서는 안 되고 전지전능하신 하나님의 뜻에 따라야 한다. 따라서 기도의 가장 중요한 목적은 하나님의 뜻대로 자신을 변화시키는 데 있다. 내가 원하는 응답을 받는 기도에만 매달려서 설혹 무언가를 얻는 데 성공한다 하더라도, 자신이 변화되지 않으면 그 기도는 의미가 없다. 진실한 기도는 기도한 후에 보이는 삶 자체이다. 삶이 거룩하지 않으면 기도는 무용지물이다.

설사 기독교인이 아니라고 하더라도 우리가 간절히 원하면 마음이 가는 대로 몸이 움직이기 때문에 무엇이든지 이루어진다는 것이 대부분의 자기계발서에서 강조되고 있는 정설이라는 사실은 알아두어야 한다.

성경 속의 리더십 사다리

20. 재물을 탐하지 말라

엘리사가 적국의 군대장관 나아만의 문둥병을 고쳐 준 것을 빌미로 사환 게하시가 스승 엘리사 몰래 나아만 에게서 선물을 받아 와 결국 그는 그 징벌로 문둥병자가 된다.(열하 5:20-27) 그리고 초대 교회에서 믿는 무리가 한 뜻이 되어 모든 물건을 서로 통용할 때에 아나니아와 삽 비라 부부는 그들의 소유를 팔아 그중 얼마를 감추고 나 머지를 사도들의 발 앞에 두는 것을 베드로가 지적하자 그들이 모두 엎드러져 혼절한 사건이 있었다.(행 5:1-10)

이들 사건은 우리에게 탐심에 대한 경각심을 일깨워 준다. 탐심은 자신이 갖고 있지 않은 것을 간절히 바라는 마음이며, 특히 다른 사람에게 속한 것을 욕심내는 마음 이다. 이 세상을 살아가는 동안 최소한의 재물은 반드시 필요한 것이다. 하지만 성경은 생명을 속량하는 값이 너 무 엄청나서 재물로는 하나님께 속전을 마련할 수 없기 때문에 재물에 의지하여 부유함을 자랑하지 말라고 하였으며, 죽으면 가져갈 수 있는 것이 아무 것도 없다는 부의 한계를 가르치고 있다.

역사상 가장 지혜로웠던 솔로몬도 전도서의 시작 부분과 끝 부분에서 '헛되며 헛되고 헛되니 모든 것이 헛되도다.'(전 1:2, 12:8)라고 기술하고 있다. 죽음 앞에서는 재물과 부요와 존귀도 다 헛되다는 것이다. 뿐만 아니라 재물이 있는 곳에는 마음도 있기 때문에(눅 12: 34) 다른 것에 소홀할 수밖에 없다고 가르친다.

사랑도 돈이면 구할 수 있다며 돈이 세상에서 가장 중요하다고 하지만 돈으로 안 되는 것이 세상에는 더 많다. 우리가 갈구하는 사랑도 시간도 돈으로 어떻게 해볼 수 있는 것들이 아니다. 돈으로 안 되는 것들은 다 하나님이 해결해 주실 수 있는 것들이다. 주어진 것에 만족하며 살아가면 우리의 삶이 그리 나쁘지 않다는 것을 깨달을 수 있다.

자기의 재물을 의지하고 부유함을 자랑하는 자는 아무도 자기의 형제를 구원하지 못하며 그를 위한 속전을 하나님께 바치지도 못할 것은 그들의 생명을 속량하는 값이 너무 엄청나서

성경 속의 리더십 사다리

영원히 마련하지 못할 것임이니리.(시 49:6-8)

사람이 치부하여 그의 집의 영광이 더할 때에 너는 두려워하지 말지어다 그가 죽으매 가져가는 것이 없고 그의 영광이 그를 따라 내려가지 못함이로다.(시 49:16-17)

불의의 재물은 무익하여도 공의는 죽음에서 건지느니라.(잠 10:2)

사람의 재물이 자기 생명의 속전일 수 있으나 가난한 자는 협박을 받을 일이 없느니라.(잠 13:8)

은을 사랑하는 자는 은으로 만족하지 못하고 풍요를 사랑하는 자는 소득으로 만족하지 아니하나니 이것도 헛되도다 재산이 많아지면 먹는 자들도 많아지나니 그 소유주들은 눈으로 보는 것 외에 무엇이 유익하랴 노동자는 먹는 것이 많든지 적든지 잠을 달게 자거니와 부자는 그 부요함 때문에 자지 못하느니라 내가 해 아래에서 큰 폐단 되는 일이 있는 것을 보았나니 곧 소유주가 재물을 자기에게 해가 되도록 소유하는 것이라

그 재물이 재난을 당할 때 없어지나니 비록 아들은 낳았으나 그 손에 아무것도 없느니라 그가 모태에서 벌거벗고 나왔은즉 그가 나온 대로 돌아가고 수고하여 얻은 것을 아무것도 자기 손에 가지고 가지 못하리니 이것도 큰 불행이라 어떻게 왔든지 그대로 가리니 바람을 잡는 수고가 그에게 무엇이 유익하랴.(전 5:10-16)

탐욕이 지혜자를 우매하게 하고 뇌물이 사람의 명철을 망하게 하느니라.(전 7:7)

너희를 위하여 보물을 땅에 쌓아 두지 말라 거기는 좀과 동록이 해하며 도둑이 구멍을 뚫고 도둑질하느니라.(마 6:19)

한 사람이 두 주인을 섬기지 못할 것이니 혹 이를 미워하고 저를 사랑하거나 혹 이를 중히 여기고 저를 경히 여김이라 너희가 하나님과 재물을 겸하여 섬기지 못하느니라.(마 6:24)

예수께서 둘러보시고 제자들에게 이르시되 재물이 있는 자는 하나님의 나라에 들어가기가 심히 어렵도다 하시니(막 10:23)

그들에게 이르시되 삼가 모든 탐심을 물리치라 사람의 생명이 그 소유의 넉넉한 데 있지 아니하니라 하시고(눅 12:15)

우리가 세상에 아무 것도 가지고 온 것이 없으매 또한 아무 것도 가지고 가지 못하리니 우리가 먹을 것과 입을 것이 있은즉 족한 줄로 알 것이니라 부 하려 하는 자들은 시험과 올무와 여러 가지 어리석고 해로운 욕심에 떨어지나니 곧 사람으로 파멸과 멸망에 빠지게 하는 것이라 돈을 사랑함이 일만 악의 뿌리가 되나니 이것을 탐내는 자들은 미혹을 받아 믿음에서 떠나 많은 근심으로써 자기를 찔렀도다.(딤전 6:7-10)

돈을 사랑하지 말고 있는 바를 족한 줄로 알라.(히 13:5상)

재물은 가난한 사람들이 지을 수 없는 죄를 낳게 한다. 즉 부자들은 자신이 다른 사람보다 더 낫다고 생각하게 만들며, 부에 대한 자신의 능력을 과신하고 하나님을 잊어버리는 경향이 있다. 그렇기 때문에 재물을 탐하지 말라는 것이다.

그들이 먹여 준 대로 배가 불렀고 배가 부르니 그들의 마음이 교만하여 이로 말미암아 나를 잊었느니라.(호 13:6)

21. 공평하라

하나님은 출애굽 당시부터 유대민족끼리 더불어 잘 살기 위해서는 모든 것을 공평하게 행하도록 말씀하셨다. 세부적으로 부당한 증언, 가난한 자의 송사 무시, 나그네와 이웃에 대한 압제, 장애인에 대한 부당한 행위, 저울의 불공평한 사용, 뇌물 수령 등의 불공평한 처사를 금지하고 있다.

다수를 따라 악을 행하지 말며 송사에 다수를 따라 부당한 증언을 하지 말며 가난한 자의 송사라고 해서 편벽되이 두둔하지 말지니라 네가 만일 네 원수의 길 잃은 소나 나귀를 보거든 반드시 그 사람에게로 돌릴지며 네가 만일 너를 미워하는 자의 나귀가 짐을 싣고 엎드러짐을 보거든 그것을 버려두지 말고 그것을 도와 그 짐을 부릴지니라
너는 가난한 자의 송사라고 정의를 굽게 하지 말며 거짓 일

을 멀리 하며 무죄한 자와 의로운 자를 죽이지 말라 나는 악인을 의롭다 하지 아니하겠노라 너는 뇌물을 받지 말라 뇌물은 밝은 자의 눈을 어둡게 하고 의로운 자의 말을 굽게 하느니라 너는 이방 나그네를 압제하지 말라 너희가 애굽 땅에서 나그네 되었었은즉 나그네의 사정을 아느니라(출 23:2–9)

너는 네 이웃을 억압하지 말며 착취하지 말며 품꾼의 삯을 아침까지 밤새도록 네게 두지 말며 너는 귀먹은 자를 저주하지 말며 맹인 앞에 장애물을 놓지 말고 네 하나님을 경외하라 나는 여호와이니라 너희는 재판할 때에 불의를 행하지 말며 가난한 자의 편을 들지 말며 세력 있는 자라고 두둔하지 말고 공의로 사람을 재판할지며(레 19:13–15)

네 이웃의 피를 흘려 이익을 도모하지 말라. 나는 여호와이니라.(레 19:16하)

공평한 저울과 공평한 추와 공평한 에바와 공평한 힌을 사용하라 나는 너희를 인도하여 애굽 땅에서 나오게 한 너희의 하나님 여호와이니라.(레 19:36)

너는 재판을 굽게 하지 말며 사람을 외모로 보지 말며 또 뇌물을 받지 말라 뇌물은 지혜자의 눈을 어둡게 하고 의인의 말을 굽게 하느니라.(신 16:19)

이익을 탐하는 자는 자기 집을 해롭게 하나 뇌물을 싫어하는

자는 살게 되느니(잠 15:27)

자기 집을 위하여 부당한 이익을 취하는 자에게 화있을진저
(합 2:9하)

한편, 성경의 곳곳에서는 공의로울 것을 강조하고 있는데 이것도 공평과 비슷한 의미라고 생각된다. 공의의 사전적 의미에서 볼 때도 '선악의 제재를 공평하게 하는 하느님의 적극 품성의 한 가지'라고 되어있다.

너는 마땅히 공의만을 따르라 그리하면 네가 살겠고 네 하나님 여호와께서 네게 주시는 당을 차지하리라.(신 16:20)

여호와께서 이와 같이 말씀하시되 너희가 정의와 공의를 행하여 탈취당한 자를 압박하는 자의 손에서 건지고 이방인과 고아와 과부를 압제하거나 학대하지 말며 이곳에서 무죄한 피를 흘리지 말라.(렘 22:3, 암 5:24)

너희는 악을 미워하고 선을 사랑하며 성문에서 정의를 세울지어다 만군의 하나님 여호와께서 혹시 요셉의 남은 자를 불쌍히 여기시리라.(암 5:15)

여호와의 규례를 지키는 세상의 모든 겸손한 자들아 너희는 여호와를 찾으며 공의와 겸손을 구하라 너희가 혹시 여호와의 분노의 날에 숨김을 얻으리라.(습 2:3)

22. 윤리적 삶을 살아라

성경의 전체적인 내용은 어떻게 보면 우리가 조직사회에서 살아가는 데 꼭 필요한 윤리적 내용들을 가르치고 있다고 할 수 있다. 하지만 리더십 덕목으로 특별히 앞에서 열거한 것들 말고도 우리가 항상 마음에 담아두고 생활해야 할 사회 윤리적인 내용들이 추가적으로 있다고 판단하여 하나의 덕목으로 끄집어 내어 보았다.

예수께서는 예수님의 윤리적 기준(문자적 해석 관점에서)이라고 할 수 있는 산상설교(산상수훈)를 통하여 다음과 같은 사람은 복이 있다고 말씀하셨다.

심령이 가난한 자는 복이 있나니 천국이 그들의 것임이요 애통하는 자는 복이 있나니 그들이 위로를 받을 것임이요 온유한 자는 복이 있나니 그들이 땅을 기업으로 받을 것임이요 의에 주리고 목마른 자는 복이 있나니 그들이 배부를 것임이요 긍휼히 여기는 자는 복이 있나니 그들이 긍휼히 여김을 받을 것임이요 마음이 청결한 자는 복이 있나니 그들이 하나님의 아들이라 일컬음을 받을 것임이요 의를 위하여 박해를 받은 자는 복이 있나니 천국이 그들의 것임이라 나로 말미암아 너희를 욕하고 박해하고 거짓으로 너희를 거슬러 모든 악한 말을 할 때에는 너희에게 복이 있나니(마 5:3-11)

너희 가난한 자는 복이 있나니 하나님의 나라가 너희 것임이요 지금 주린 자는 복이 있나니 너희가 배부름을 얻을 것임이요 지금 우는 자는 복이 있나니 너희가 웃을 것임이요

인자로 말미암아 사람들이 너희를 미워하며 멀리하고 욕하고 너희 이름을 악하다 하여 버릴 때에는 너희에게 복이 있도다.(눅 6:20하-22)

예수께서 이르시되 오히려 하나님의 말씀을 듣고 지키는 자가 복이 있느니라 하시니라.(눅 11:28)

사도 바울도 로마서를 비롯한 여러 서신에서 그리스도인의 생활에 대해 악을 악으로 갚지 말고 선으로 대해야 한다는 등의 윤리적 기준을 다음과 같이 기술하고 있다.

너희를 박해하는 자를 축복하라 축복하고 저주하지 말라 즐거워하는 자들과 함께 즐거워하고 우는 자들과 함께 울라 서로

성경 속의 리더십 사다리

마음을 같이 하며 높은 데 마음을 두지 말고 도리어 낮은 데 처하며 스스로 지혜 있는 체 하지 말라 아무에게도 악을 악으로 갚지 말고 모든 사람 앞에서 선한 일을 도모하라 할 수 있거든 너희로서는 모든 사람과 더불어 화목하라

내 사랑하는 자들아 너희가 친히 원수를 갚지 말고 하나님의 진노하심에 맡기라 기록되었으되 원수 갚는 것이 내게 있으니 내가 갚으리라고 주께서 말씀하시니라 네 원수가 주리거든 먹이고 목마르거든 마시게 하라 그리함으로 네가 숯불을 그 머리에 쌓아 놓으리라 악에게 지지 말고 선으로 악을 이기라.(롬 12:14-21)

또 형제들아 너희를 권면하노니 게으른 자들을 권계하며 마음이 약한 자들을 격려하고 힘이 없는 자들을 붙들어 주며 모든 사람에게 오래 참으라.(살전 5:14)

범사에 헤아려 좋은 것을 취하고, 악은 어떤 모양이라도 버리라.(살전 5:21-22)

선을 행하고 선한 사업을 많이 하고 나누어 주기를 좋아하며 너그러운 자가 되게 하라 이것이 장래에 자기를 위하여 좋은 터를 쌓아 참된 생명을 취하는 것이니라.(딤전 6:18-19)

주의 종은 마땅히 다투지 아니하고 모든 사람에 대하여 온유하며 가르치기를 잘하며 참으며 거역하는 자를 온유함으로 훈

계할지니(딤후 2:24-25상)

아래 내용은 교회 안에서 성도들의 윤리적 태도에 대한 말씀 내용이지만 일반 인간관계에도 적용되는 윤리적 지침이다.

늙은이를 꾸짖지 말고 권하되 아버지에게 하듯 하며 젊은이에게는 형제에게 하듯 하고 늙은 여자에게는 어머니에게 하듯 하며 젊은 여자에게는 온전히 깨끗함으로 자매에게 하듯 하라 참 과부인 과부를 존대하라 만일 어떤 과부에게 자녀나 손자들이 있거든 그들로 먼저 자기 집에서 효를 행하여 부모에게 보답하기를 배우게 하라 이것이 하나님 앞에 받으실 만한 것이니라.(딤전 5:1-4)

누구든지 자기 친족 특히 자기 가족을 돌보지 아니하면 믿음을 배반한 자요 불신자보다 더 악한 자니라.(딤전 5:8)

만일 믿는 여자에게 과부 친척이 있거든 자기가 도와주고 교회가 짐 지지 않게 하라. 이는 참 과부를 도와주게 하려 함이라.(딤전 5:17)

장로에 대한 고발은 두세 증인이 없으면 받지 말 것이요.(딤전 5:19)

다른 사람의 죄에 간섭하지 말며 네 자신을 지켜 정결하게 하라.(딤전 5:22하)

성경은 앞에서 열거한 여러 덕목 외에도 삶에서 꼭 지켜야 할 사회적 질서 유지에 필요한 여러 가지 윤리적 지침들과 개인적인 유의사항들을 제시하고 있다.

죽은 자 때문에 너희 살에 문신을 하지 말며 무늬를 놓지 말라.(레 19:28)

너는 센 머리 앞에서 일어서고 노인의 얼굴을 공경하며(레 19:32상)

포악을 의지하지 말며 탈취한 것으로 허망하여지지 말며 재물이 늘어도 거기에 마음을 두지 말지어다.(시 62:10)

이웃의 아내를 더럽히지 아니하며 월경 중에 있는 여인을 가까이 하지 아니하며 사람을 학대하지 아니하며 빚진 자의 저당물을 돌려주며 강탈하지 아니하며 주린 자에게 음식물을 주며 벗은 자에게 옷을 입히며 변리를 위하여 꾸어 주지 아니하며 이자를 받지 아니하며 스스로 손을 금하여 죄를 짓지 아니하며 사람과 사람 사이에 진실하게 판단하며 내 율례를 따르며 내 규례를 지켜 진실하게 행할진대 그는 의인이니 반드시 살리라 주 여호와의 말씀이니라.(겔 18:6하-9)

네 원수가 넘어질 때에 즐거워하지 말며 그가 엎드러질 때에
마음에 기뻐하지 말라.(잠 24:17)

남에게 대접을 받고자 하는 대로 너희도 남을 대접하라.(눅
6:31)

성경에서는 정의도 자주 언급하고 있는데 이것 역시
사전적 의미가 '사람으로서 지켜야 할 바른 도리'라고 되
어있어 지금까지 언급한 모든 덕목과 연관이 있다고 볼
수 있으며 특히 윤리적 기준과는 상통된다고 판단하여
'정의'는 별도의 덕목으로 설정하지 않았다.

23. 서로 사랑하라

성경은 모든 계명이 '사랑하라'는 말 중에 다 들어있으며 남을 사랑하면 율법을 완성하는 것(롬 13:8-10)이라고까지 하면서 사랑을 강조하고 있다. 따라서 '서로 사랑하라'는 덕목은 앞에서 언급한 모든 계명을 종합하여 한마디로 요약한 것이라고 해도 과언이 아니다. 즉 모든 덕목은 '서로 사랑하라'로 귀결된다고 할 수 있다. 그래서 일부러 이 덕목을 가장 나중에 결론으로 삼아 정리하였다.

예수께서는 이스라엘 민족이 살아가면서 반드시 지켜야 할 계명인 십계명에 '사랑하라'라는 계명을 추가하여 계명을 완성시키셨다. 이것은 세월이 흐르고 백성들이 늘어나면서 사랑의 중요성이 더 커졌기 때문이기도 하지만 모든 인간에게 사랑이 가장 소중하다는 사실을 일깨워 주는 말이라는 생각이 든다.

이르시되 어느 계명이오니이까. 예수께서 이르시되 살인하지 말라, 간음하지 말라, 도둑질하지 말라, 거짓 증언 하지 말라, 네 부모를 공경하라, 네 이웃을 네 자신과 같이 사랑하라 하신 것이니라.(마 19:18-19, 막 10 :19, 눅 18:20)

예수께서 이르시되 네 마음을 다하고 목숨을 다하고 뜻을 다하여 주 너의 하나님을 사랑하라 하셨으니 이것이 크고 첫째 되는 계명이요 둘째도 그와 같으니 네 이웃을 네 자신 같이 사랑하라 하셨으니 이 두 계명이 온 율법과 선지자의 강령이니라.(마 22: 37-40)

사랑은 머리와 입으로 하는 것이 아니다. 진정한 사랑은 이타적인 것이므로 이해와 관용, 포용과 용서, 배려와 겸손, 솔선수범 등이 선행된다. 고 김수환 추기경은 "사랑이 머리에서 가슴으로 내려오는 데 칠십 년이 걸렸다."고 하셨다. 그만큼 가슴에서 우러나오는 진정한 사랑의 실천이 어렵다는 말일 것이다.

성경은 하나님은 사랑이시고 하나님이 우리를 사랑하사 우리 죄를 속하기 위하여 그 아들을 화목제로 보내신즉 우리도 서로 사랑하는 것이 마땅하고 우리가 서로 사랑하면 하나님이 우리 안에 거하시는 것이라고 강조하고 있다.(요일 4:8-12) 따라서 우리는 하나님의 자녀로서 하나

성경 속의 리더십 사다리

님을 사랑하고 하나님의 성품을 받아 이웃과 형제들에게 사랑을 실천해야 한다.

기독교는 한마디로 사랑의 종교라고 할 수 있다. 그래서 구약보다는 신약성경에서 사랑이 더욱 강조되고 있다고 생각한다. 예수님은 가장 큰 계명이 사랑이라고 말씀하시며, 사랑의 구체적인 방법을 제시하시고, 원수까지도 사랑하라고 가르치셨다. 신약은 예수님의 말씀을 위주로 하여 작성된 것이나 예수님은 하나님의 말씀을 기준으로 말씀하신 것이다. 하나님의 말씀에 의해 작성된 구약에서도 사랑이 강조되고 있음을 확인할 수 있다. 따라서 계명을 지키는 자는 예수님을 사랑하는 자요, 아버지 여호와의 사랑을 받을 것이라고 말씀하신다.(요 14:21, 15:10)

그러므로 스스로 조심하여 너희의 하나님 여호와를 사랑하라.(수 23:11)

원수를 갚지 말며 동포를 원망하지 말며 네 이웃 사랑하기를 네 자신과 같이 사랑하라. 나는 여호와이니라.(레 19:18)

미움은 다툼을 일으켜도 사랑은 모든 허물을 가리느니라.(잠 10:12)

채소를 먹으며 서로 사랑하는 것이 살진 소를 먹으며 서로 미워하는 것보다 나으니라.(잠 15:17)

허물을 덮어주는 자는 사랑을 구하는 자요 그것을 거듭 말하는 자는 친한 벗을 이간하는 자니라.(잠 17:14)

네 원수가 배고파하거든 음식을 먹이고 목말라하거든 물을 마시게 하라 그리 하는 것은 핀 숯을 그의 머리에 놓는 것과 일반이요 여호와께서 네게 갚아 주시리라.(잠 25:21-22)

나는 너희에게 이르노니 악한 자를 대적하지 말라 누구든지 네 오른 뺨을 치거든 왼편도 돌려 대며 또 너를 고발하여 속옷을 가지고자 하는 자에게 겉옷까지도 가지게 하며 또 누구든지 너를 억지로 오 리를 가게 하거든 그 사람과 십 리를 동행하고 네게 구하는 자에게 주며 네게 꾸고자 하는 자에게 거절하지 말라.(마 5:39-42, 눅 6:29-30)

나는 너희에게 이르노니 너희 원수를 사랑하며 너희를 박해하는 자를 위하여 기도하라 이같이 한즉 하늘에 계신 너희 아버지의 아들이 되리니 이는 하나님이 그 해를 악인과 선인에게 비추시며 비를 의로운 자와 불의한 자에게 내려주심이라 너희가 너희를 사랑하는 자를 사랑하면 무슨 상이 있으리요 세리도 이같이 아니하느냐.(마 5:44-46)

선생님 율법 중에서 어느 계명이 크니이까. 예수께서 이르시되 네 마음을 다하고 목숨을 다하고 뜻을 다하여 주 너의 하나님을 사랑하라 하셨으니 이것이 크고 첫째 되는 계명이요. 둘째도 그와 같으니 네 이웃을 네 자신 같이 사랑하라 하셨으니 이 두 계명이 온 율법과 선지자의 강령이니라.(마 22:36-40, 막 12:28-31, 눅 10:25-28)

그러나 너희 듣는 자에게 내가 이르노니 너희 원수를 사랑하며 너희를 미워하는 자를 선대하며 너희를 저주하는 자를 위하여 축복하며 너희를 모욕하는 자를 위하여 기도하라.(눅 6:27-28)

너희가 만일 너희를 사랑하는 자만을 사랑하면 칭찬 받을 것이 무엇이냐 죄인들도 사랑하는 자는 사랑하느니라 너희가 만일 선대하는 자만을 선대하면 칭찬 받을 것이 무엇이냐 죄인들도 이렇게 하느니라 너희가 받기를 바라고 사람들에게 꾸어주면 칭찬 받을 것이 무엇이냐 죄인들도 그만큼 받고자 하여 죄인에게 꾸어 주느니라 오직 너희는 원수를 사랑하고 선대하며 아무 것도 바라지 말고 꾸어주라 그리하면 너희 상이 클 것이요 또 지극히 높으신 이의 아들이 되리니 그는 그 은혜를 모르는 자와 악한 자에게도 인자하시니라 너희 아버지의 자비로우심 같이 너희도 자비로운 자가 되라.(눅 6:32-36)

새 계명을 너희에게 주노니 서로 사랑하라 내가 너희를 사랑한 것 같이 너희도 서로 사랑하라.(요 13:34-35, 15:12)

이 모든 것 위에 사랑을 더하라 이는 온전하게 매는 띠니

라.(골 3:14)

사랑에는 거짓이 없나니 악을 미워하고 선에 속하라 형제를 사랑하여 서로 우애하고 존경하기를 서로 먼저 하며(롬 12:9-10)

형제 사랑하기를 계속하고(히 13:1)

피차 사랑의 빚 외에는 아무에게든지 아무 빚도 지지 말라 남을 사랑하는 자는 율법을 다 이루었느니라 간음하지 말라 살인하지 말라 도둑질하지 말라 탐내지 말라 한 것과 그 외에 다른 계명이 있을지라도 네 이웃을 네 자신과 같이 사랑하라 하신 그 말씀 가운데 다 들었느니라 사랑은 이웃에게 악을 행하지 아니하나니 그러므로 사랑은 율법의 완성이니라.(롬 13:8-10)

온 율법은 네 이웃 사랑하기를 네 자신 같이 하라 하신 한 말씀에서 이루어졌나니.(갈 5:14)

너희가 진리를 순종함으로 너희 영혼을 깨끗하게 하여 거짓이 없이 형제를 사랑하기에 이르렀으니 마음으로 뜨겁게 서로 사랑하라.(벧전 1:22)

무엇보다도 뜨겁게 서로 사랑할지니 사랑은 허다한 죄를 덮느니라.(벧전 4:8)

그의 계명은 이것이니 곧 그 아들 예수 그리스도의 이름을 믿고 그가 우리에게 주신 계명대로 서로 사랑할 것이니라.(요일 3:23)

또 사랑은 이것이니 우리가 그 계명을 따라 행하는 것이요.(요이 1:6상)

고린도전서 13장은 소위 '사랑 장'으로 알려져 있는데 이 장에서는 사랑의 절대적 우위성, 사랑의 본질 그리고 사랑의 영원성에 대하여 자세히 언급하고 있다. 성경에서 가르치는 사랑을 이해하고 실천할 수만 있다면 우리의 삶 속에서 행복은 보장된 것이라고 감히 단언할 수 있다.

내가 예언하는 능력이 있어 모든 비밀과 모든 지식을 알고 또 산을 옮길 만한 모든 믿음이 있을지라도 사랑이 없으면 내가 아무 것도 아니요 내가 내게 있는 모든 것으로 구제하고 또 내 몸을 불사르게 내줄지라도 사랑이 없으면 내게 아무 유익이 없느니라 사랑은 오래 참고 사랑은 온유하며 시기하지 아니하며 사랑은 자랑하지 아니하며 교만하지 아니하며

무례히 행하지 아니하며 자기의 유익을 구하지 아니하며 성내지 아니하며 악한 것을 생각하지 아니하며 불의를 기뻐하지 아니하며 진리와 함께 기뻐하고 모든 것을 참으며 모든 것을 믿으며 모든 것을 바라며 모든 것을 견디느니라 사랑은 언제까지나 떨어지지 아니하되 예언도 폐하고 방언도 그치고 지식도 폐하리라.(고전 13:2-8)

그런즉 믿음, 소망, 사랑, 이 세 가지는 항상 있을 것인데 그 중의 제일은 사랑이라.(고전 13:13)

성경은 말로만 사랑할 것이 아니라 사랑 가운데서 행하고 진실된 마음으로 사랑하라고 강조한다.

> 너희 모든 일을 사랑으로 행하라.(고전 16:14)
> 그리스도께서 너희를 사랑하신 것 같이 너희도 사랑 가운데서 행하라.(엡 5:2상)
> 자녀들아 우리가 말과 혀로만 사랑하지 말고 행함과 진실함으로 하자.(요일 3:18)

성경은 또한 하나님이 곧 사랑이심을 가르치고 있다.

> 사랑하는 자들아 우리가 서로 사랑하자 사랑은 하나님께 속한 것이니 사랑하는 자마다 하나님으로부터 나서 하나님을 알고 사랑하지 아니하는 자는 하나님을 알지 못하나니 이는 하나님은 사랑이심이라 하나님의 사랑이 우리에게 이렇게 나타난바 되었으니 하나님이 자기의 독생자를 세상에 보내심은 그로 말미암아 우리를 살리려 하심이라. 사랑은 여기 있으니 우리가 하나님을 사랑한 것이 아니요 하나님이 우리를 사랑하사 우리 죄를 속하기 위하여 화목 제물로 그 아들을 보내셨음이라 사랑하는 자들아 하나님이 이같이 우리를 사랑하셨은즉 우리도 서로 사랑하는 것이 마땅하도다

어느 때나 하나님을 본 사람이 없으되 만일 우리가 서로 사랑하면 하나님이 우리 안에 거하시고 그의 사랑이 우리 안에 온전히 이루어지느니라 그의 성령을 우리에게 주시므로 우리가 그 안에 거하고 그가 우리 안에 거하시는 줄을 아느니라 아버지가 아들을 세상의 구주로 보내신 것을 우리가 보았고 또 증언하노니 누구든지 예수를 하나님의 아들이라 시인하면 하나님이 그의 안에 거하시고 그도 하나님 안에 거하느니라 하나님이 우리를 사랑하시는 사랑을 우리가 알고 믿었노니 하나님은 사랑이시라 사랑 안에 거하는 자는 하나님 안에 거하고 하나님도 그의 안에 거하느니라.(요일 4:7-16)

사랑 안에 두려움이 없고 온전한 사랑이 두려움을 내쫓나니 두려움에는 형벌이 있음이라. 두려워하는 자는 사랑 안에서 온전히 이루지 못하였느니라 우리가 사랑함은 그가 먼저 우리를 사랑하셨음이라 누구든지 하나님을 사랑하노라 하고 그 형제를 미워하면 이는 거짓말하는 자니 보는 바 그 형제를 사랑하지 아니하는 자는 보지 못하는바 하나님을 사랑할 수 없느니라 우리가 이 계명을 주께 받았나니 하나님을 사랑하는 자는 또한 그 형제를 사랑할지니라.(요일 4:18-21)

예수께서 그리스도이심을 믿는 자마다 하나님께로부터 난 자니 또한 낳으신 이를 사랑하는 자마다 그에게서 난 자를 사랑하느니라.(요일 5:1)

성경은 다만 세상 것은 사랑하지 말라고 가르치고 있다.

이 세상이나 세상에 있는 것들을 사랑하지 말라 누구든지 세상을 사랑하면 아버지의 사랑이 그 안에 있지 아니하니(요일 2:15)

세상에 있는 모든 것은 정욕과 이생의 자랑이라고 성경은 가르치고 있다.(요일 2:16)

서로 사랑하지 않으면 화목할 수 없다. 성경에서 쓰는 '화목'이라는 단어는 우리 죄를 대신 지고 십자가에 못 박혀 돌아가신 그리스도와 합하여 새사람이 된 것을 계기로 복음을 전파하는 것이 곧 세상과 화목하는 것이라는 의미로 사용된 것 같다. 또 나와 다른 의견이나 사상을 가진 사람들과는 물론 하나님과도 화목하라는 뜻은 서로 존중하고 사랑하라는 말로 이해된다. 사회생활을 영위함에 있어서 최근에는 원만한 인간관계가 가장 중요시되고 있는데 이것이 곧 '화목하라'는 말과 같은 뜻이라고 생각된다.

할 수 있거든 너희로서는 모든 사람과 더불어 화목 하라.(롬 12:18)

모든 것이 하나님께로서 났으며 그가 그리스도로 말미암아 우리를 자기와 화목하게 하시고 또 우리에게 화목하게 하는 직분을 주셨으니 곧 하나님께서 그리스도 안에 계시사 세상을 자기와 화목하게 하시며 그들의 죄를 그들에게 돌리지 아니하시고 화목하게 하는 말씀을 우리에게 부탁하셨느니라 그러므로 우리가 그리스도를 대신하여 사신이 되어 하나님이 우리를 통하여 너희를 권면하시는 것 같이 그리스도를 대신하여 간청하노니 너희는 하나님과 화목 하라.(고후 5:18-20)

또 십자가로 이 둘을 한 몸으로 하나님과 화목하게 하려 하심이라 원수 된 것을 십자가로 소멸하시고(엡 2:16)

여기서 '둘'은 그리스도를 알기 전의 이방인과 이스라엘 백성을 일컫는 것으로 성경학자들은 해석한다.

에필로그

　리더십이란 학술적으로 '리더가 조직 구성원의 행동에 영향력을 행사하여 리더가 원하는 방향이나 목표로 조직 구성원의 자발적인 참여를 유도해 내어 그것을 달성할 수 있도록 하는 리더의 행동과 힘, 또는 이를 위한 영향력 행사 과정'이라고 나는 정의한다. 그런 차원에서 봤을 때 예수님은 인류 역사에서 가장 훌륭한 리더라고 생각한다. 예수님은 몸소 제자들의 발을 씻겨주시면서 '내가 너희에게 행한 것 같이 너희도 행하게 하려 하여 본을 보였노라.'(요 13:14-15)고 하신 바와 같이 모든 행동을 솔선수범하심으로 제자들이 따를 수 있도록 하셨다. 뿐만 아니라, 자신의 목숨까지 바쳐가며 죄인인 우리 죄를 사하여 주심으로써 진정한 사랑이 무엇인지를 가르쳐 주셨다.

성경에서 볼 수 있는 특징 중 하나는 예수님은 많은 예화를 통하여 우리가 이해하기 쉽도록 가르치셨다는 것이다. 성경에 소개된 예수님의 예화는 모두 60여 개라고 한다. 비유로 말씀하신 이 예화들은 신약성경 첫 세 복음서의 무려 35%를 차지하고 있다고 하니 이 예화들로 인하여 제자들의 가슴에 예수님의 말씀이 뚜렷이 각인된 게 아닌가 생각된다. 이처럼 리더는 이야기꾼이 되어 조직 구성원들을 설득할 줄 알아야 한다. 성경에 이야기가 없다면 일반 사람들이 무슨 맛으로 읽을까 하는 생각도 해 보았다. 그런데 좀 더 깊이 생각해 보면 성경은 오늘날 우리들의 이야기다. 성경에는 우리가 저지르고 있는 온갖 죄악에 관한 이야기가 다 기록되어 있다. 우리 스스로가 그 죄를 반성하면서 주님께 회개하고 용서받아야 하며 다른 사람에게 되갚아야 하는 것이다.

성경 말씀을 정리하면서 느낀 것이 또 있다면 성

경말씀이 가르치는 내용 중 들어보지 않았다든가 새로이 알게 된 내용은 거의 하나도 없었지만 그러한 말씀이 진정으로 내 것이 되지는 못했다는 점이다. 지금까지 살아오면서 내가 성실하게 실행했으면 경제적인 안정도, 가정의 행복도 사회적인 출세도 더 나아지지 않았을까 한다.

성경을 연구하는 사람도 아니고 믿음이 강한 신앙인도 아닌 평신도로서 감히 성경 말씀을 정리해 보겠다고 마음먹은 것을 수시로 후회도 했었지만 그래도 읽은 것을 정리하는 것은 독서의 기본이라고 생각하면서 책을 완성하였다. 이것은 오로지 주님의 은총 가운데서 이루어졌다고 생각하여 감사드리며, 이것을 계기로 더욱 신실한 믿음을 가진 사회인이 되겠다고 다짐해 본다.

'사다리'의 의미는 원하는 바를 얻기 위해 한 칸씩 위로 오르는 개념이다. 성경에서 가르치는 삶의 지혜가 되는 덕목을 하나씩 실천하기를 바라는 마음에서 책 제목을 '성경 속의 리더십 사다리'라고 이름 지었다. 아무튼 종교를 가지고 있지 않아 성경을 안

읽어 본 사람도 이 책을 읽어 본 덕분에 성경에 대해 좀 더 관심을 가지고 통독해 보겠다는 마음이 생기길 바란다. 또한 이 책을 읽는 사람들에게 '성경이 가르치는 삶의 지혜'가 인생의 길잡이로 활용되는 좋은 기회가 되기를 기대해 본다.

성경 속 인물들의 리더십과 지혜를 통해
더 나은 삶을 만들어가기를 희망합니다!

권선복(도서출판 행복에너지 대표이사)

성경은 고대 부족 사회 시기에서부터 나라를 잃고 로마 제국의 식민지 백성으로 살던 시기까지, 아주 오랜 기간 동안 유대 민족의 역사와 종교, 문화, 윤리, 예술에 대해 수많은 것은 담고 있는 귀중한 자료입니다. 또한 기독교에 몸담은 교인들에게는 반드시 따라야 할 하나님의 말씀을 담은 소중한 진리의 책이기도 합니다.

이 책『성경 속의 리더십 사다리』는 성경을 통해 볼 수 있

는 고대 유대 민족의 율법과 규칙, 그리고 성경 속에 리더로서 등장하는 여러 인물들과 그들의 일화를 읽기 쉽게 정리하는 한편, 성경 속의 규범과 인물들을 통해 하나님께서 들려주시는 생활의 지혜, 진정한 삶의 리더십을 우리에게 전달하고 있습니다.

행정학 박사로서 리더십을 전공하고 깊이 연구한 바 있는 신진우 저자님은 "우리 모두가 리더이고 삶을 바르게 살아가며 국가를 올바르게 이끄는 기술이 바로 리더십"이라고 이야기하며 이 책을 통해 성경이 말하고 있는 모든 말씀들 하나하나가 다른 어떤 해석이나 왜곡 없이도 우리의 삶을 잘 살아가는 방법을 매우 세밀하게 가르쳐 주고 있다고 이야기합니다.

이 책은 세 개의 장으로 나누어져 있습니다.
제1부는 하나님이 내려 주신 삶의 원칙 '율법'을 탐구 대상으로 삼아 대원칙인 십계명과 세부적인 생활 율법을 기술, 탐구하고 현대 사회를 살아가는 우리에게도 피와 살이 된다는 점을 들어 밝히고 있습니다.

제2부는 구약을 위주로 하여 유대 민족을 하나님에게로

이끈 위대한 선지자들의 리더십을 기술하고 있으며 제3
부는 성경이 가르쳐주고 있는 리더십 덕목과 성경의 덕
목들이 우리의 삶을 실제로 윤택하게 만드는 이유를 밝혀
적고 있습니다.

마지막으로 '부록' 부분은 사람 사이의 리더십 중에서도
기본이 되는 부부간의 리더십을 바로 세우기 위해 저자님
의 이전 출간작, 『부부가 함께 만드는 행복 사다리』를 인
용하여 편집하였습니다. 신진우 저자님의 이전 출간작인
『부부가 함께 만드는 행복 사다리』는 성경의 가르침에 기
반하여 평화롭고 행복한 부부관계를 만들어 나가기 위한
가르침을 전달하는 책입니다.

"비록 적극적인 신앙생활은 못 하더라도 성경의 말씀대로
삶을 영위하여 건전한 사회생활을 하는 데에 보탬이 되
었으면 좋겠다"는 신진우 저자님의 말씀처럼 이 책이 개
인의 종교생활 여부와 상관없이 이 책을 읽는 모든 독자
분들에게 더 나은 삶을 만들어 가는 기회가 되기를 희망
합니다!

부부가
함께 만드는
행복 사다리

"당신과 부부의 연을 맺기 위해, 나는 이 세상에 태어났습니다."

부부가 함께 만드는 행복 사다리

신진우 지음

도서출판 행복에너지

서로 조건 없이
사랑하라

"미래에서의 사랑이란 것은 없다.
사랑이란 오직 현재에서의 활동이다.
현재 사랑이 보이지 않는다면 그건
사랑을 하고 있지 않기 때문이다."
— 톨스토이

사랑은 모든 것을 가능하게 만든다

● 사랑은 모든 것을 이긴다.

— 베르갈라우스

결혼이란 기쁨과 즐거움뿐 아니라 어떤 고난과 역경도 같이 견디고 이기면서 거기에서 오는 기쁨과 보람으로 행복을 느끼는 삶이다. 이것은 사랑으로만 가능하다. 철학자 몽테뉴는 "사랑은 서로에게 상호이익을 주는 인간관계다."라고 정의하였으며, 푸트Foote는 "사랑은 두 사람이 가장 잘 성장할 수 있도록 이끄는 한 사람과 다른 사람의 관계다."라고 했다. 즉, 부부는 서로에게 이익을 주고 두 사람을 가장 잘 성장할 수 있도록 이끄는 사랑으로 맺어진 가장 가까운 인간관계에 있는 사람이다.

성경에 보면 "남편들은 아내 사랑하기를 그리스도께서 교회를 사랑하심 같이 해야 한다."고 기록되어있다. 이

때 '사랑하라'는 단어는 아가페에서 온 아가파오로, 이는 '타인을 위해 목숨까지 희생하는 사랑'을 뜻한다고 한다. 부부는 목숨까지 희생할 사랑을 전제로 결혼하여 맺어진 인연이라는 뜻이다. 따라서 사랑은 부부 관계의 기본이며, 부부 사이에 가장 중요한 것은 조건 없이 사랑하는 것이다. 미움으로부터는 고통 이외의 다른 무엇도 기대할 수 없다. 누군가를 미워하는 마음을 비워내고 그 빈자리에 사랑을 채운다면 채워진 사랑만큼 세상은 더 아름다워질 것이다.

모든 인간관계에서 친절한 사람을 미워하거나 싫어하는 사람은 없다. 친절의 가장 중요한 특성은 치유 효과이기 때문이다. 부부 사이의 친절은 사랑이다. 사랑은 앞에서 말한 칭찬, 배려, 존중, 양보, 감사, 이해, 행복 등 모든 것을 가능하게 만들어 부부 사이의 모든 문제를 치유해 준다. 그래서 사랑은 당신의 가장 귀한 보물 1호인 배우자를 더욱 값지게 할 수도 있다.

그럼에도 사랑해서 결혼한 부부들이 왜 사랑을 지속시키지 못하는 것일까? 아마도 알퐁스 도데의 말처럼 '어려운 것은 사랑하는 기술이 아니라 사랑받는 기술'이기 때문인지도 모른다. 배우자의 사랑을 자기의 입장에서 생각하고 자기가 바라는 사랑이 아니라고 단정하여 사랑을 못 느끼기도 한다는 것이다. 배우자가 자기를 사랑하는 것은 자기의 출세를 위한 것이라든지, 자기 부모를 위한 것이라든지, 경제적인 문제 때문이라든지 등의 생각은 상대방의 사랑을 저울질하는 것이다. 그냥 순수하게 배우자가 하는 어떤 언행이든지 모두 자기를 사랑해서 하는 것으로 받아들이면 모든 것이 가능하게 되는 것이다. 그래서 사랑은 받을 줄도 알아야 한다.

루화난의 『레몬차의 지혜』에는 다음과 같은 이야기가 소개되고 있다.

어느 부인이 쓰레기를 버리기 위해 집 밖으로 나왔다. 그녀는 정원 앞에 앉아 있는 하얗고 긴 수염을 가진 세 명의 노인을 보았다. 그녀가 말하길, "당신들은 많이 배고파 보이는군요. 우리 집에 들어오셔서 뭔가를 좀 드시지요."

"집에 남자가 있습니까?" 그들이 물었다.

"아니요. 외출 중입니다."라고 그녀가 대답했다.

"그렇다면 우리는 들어갈 수 없습니다."라고 그들이 대답했다.

저녁이 되어 남편이 집에 돌아왔다. 그녀는 남편에게 그동안 일어난 일을 이야기하였고, 남편은 그들에게 가서 내가 집에 왔다고 말하고 그들을 안으로 모시라고 하였다. 부인은 밖으로 나갔고 그 노인들을 안으로 들라 초대하였다.

그들이 대답하길, "우리는 함께 집으로 들어가지 않는다."고 하였다.

"왜죠?"라고 그녀가 물었다.

노인 중 한 사람이 설명하였다. "내 이름은 부富입니다." 다른 친구를 가리키며 "저 친구의 이름은 성공成功이고, 다른 친구의 이름은 사랑입니다." 그리고 부연 설명하기를, "자, 이제 집에 들어가셔서 남편과 상의하세요. 우리 셋 중에 누가 당신의 집에 거하기를 원하는지."

부인은 집에 들어가 그들이 한 말을 남편에게 이야기했고, 그녀의 남편은 매우 즐거워했다. "우리 '富'를 초대합시다. 그를 안으로 들게 해 우리 집을 富로 가득 채웁시다."

부인은 동의하지 않았다. "여보, 왜 '성공'을 초대하지 않으세요?"

그들의 며느리가 그들의 대화를 듣고 있다가 그녀의 제안(생각)을 내놓았다.

"사랑을 초대하는 것이 더 낫지 않을까요? 우리 집이 사랑으로 가득 차게요."

"우리 며느리의 조언을 받아들입시다." 남편이 부인에게 말했다.

부인이 밖에 나가 세 노인에게 물었다. "어느 분이 '사랑'이세요? 저희 집으로 드시지요."

'사랑'이 일어나 집안으로 걸어가기 시작했다. 그러자 다른 두 사람도 그를 따랐다.

부인이 놀라서 "저는 단지 사랑만을 초대했는데요."라고 하자 두

노인이 말했다.

"만일 당신이 부나 성공을 초대했다면 혼자만 들어갔을 텐데 당신이 '사랑'을 초대했기 때문입니다. 사랑이 가는 곳엔 언제나 부와 성공이 따릅니다."

성경 속의 리더십 사다리

무조건 먼저 용서하라

● 살면서 얼마나 많이 용서했는가에 따라 하느님은 우리를 용서할
  것이다.

— 김수환

용서는 사랑을 전제조건으로 한다. 용서란 마음속으로 그 사람을 받아들임으로써 더 이상 내 마음을 혼란스럽게 만들지 않는 것이다. 그런 마음이 당신을 자유롭게 해준다. 용서하지 못하여 응어리진 마음은 미움이라는 앙금으로 남는다. 미움은 자신을 갉아먹는 독이 되는 것이다. 그리고 용서는 상대방을 위해 필요한 것이 아니라 오히려 자기 자신을 위해 필요한 것이다. 남을 용서하는 마음은 스트레스를 줄인다는 연구결과도 있다.

법정 스님의 "용서는 가장 큰 마음의 수행이다. 상처의 가장 좋은 치료 약은 용서하는 일이다."라는 말을 음미해 보자. 사람은 용서라는 과정을 통해 스스로 치료되

어 밝은 삶을 영위할 수 있고 너그러운 인생관을 가질 수 있다. 용서의 습관이 당신의 인격에 녹아들었을 때 비로소 사랑은 빛을 발하게 되는 것이다. 역으로 사랑이 없으면 절대로 용서할 수 없다. 배우자의 잘못을 알았더라도 가급적 눈감아 주어라. 부부싸움에서는 용서가 최선일 때가 대부분이다. 부부는 '순종'과 '헌신'을 필요로 하는데, 용서는 '순종'과 '헌신'을 의미하기 때문이다.

결혼식의 웨딩드레스가 하얀 이유는 자신이 선택한 남자의 색에 물들기 위해서이고, 남자만을 위해 그 모든 것을 받아들이겠다는 '순종'을 의미한다고 한다. 또한 신랑의 턱시도에는 새하얘질 때까지 사랑하고 또 사랑하겠다는 '헌신'의 의미가 담겨 있다고 한다. 옷에 담긴 그런 의미를 모르고 결혼했다고 하더라도 이제라도 그 작은 의미를 되새겨 보면서 서로 '순종'하고 '헌신'하는 용서하는 삶을 살아보라.

용서가 안 되는 것은 사랑이 부족함을 의미한다. 그래서 용서는 사랑의 완성이라고 한다. 용서한다는 것은 무척 어려운 일이기 때문에 세상에서 가장 훌륭한 사랑은 용서하는 것이라고 말하기도 한다. 나를 해롭게 하거나 나에게 고통과 상처를 준 사람을 용서하는 것만큼 참된 사랑은 없다. 존 그레이의 『여자는 차마 말 못하고 남자는 전혀 모르는 것들』에 보면 다음과 같은 이야기가 소개되어있다.

내 딸 로렌이 두 살 때였다. 그 아이는 먹을 것을 가지고 장난을 치고 있었다. 말렸지만 아이는 내 말을 듣지 않았다. 얼마 지나지 않아서 아이는 손에 쥐고 있던 스파게티를 카펫 위에 떨어뜨렸다. 나는 아이가 결국 카펫을 엉망으로 만들었다는 것과 내가 뒷정리를 해야 한다는 생각에 화가 머리끝까지 났다. 하지만 아이를 용서할 수밖에 없었다. 내 마음은 그 아이에 대한 사랑으로 가득했기 때문이다.

나는 대체 어떻게 그런 일이 가능한지를 생각해 보았다. 그 순간 그리스도가 "아버지여, 그들을 용서하소서. 그들은 자신이 무슨 짓을 하는지도 모르고 있습니다."라고 말했던 것이 떠올랐다. 로렌은 스파게티를 떨어뜨리면서도 자신이 무슨 짓을 하는지 몰랐기 때문에 나는 그 아이를 용서할 수밖에 없었다.

부부 사이에도 서로에게 상처를 주는 경우나 예상치 못하는 사이에 마음의 고통을 주는 경우가 많다. 하지만 진정으로 서로 사랑하는 사이라면 부부지간에 용서 못할 일이 무엇이 있겠는가? 고통이나 상처를 준다는 것은 자기 자신도 고통을 느끼고 상처를 받는다는 사실을 명심하라. 신경과학 분야의 연구 결과에 의하면 우리의 뇌에는 '거울 뉴런Mirror Neurons' 세포가 존재하여 별다른 노력을 기울이지 않아도 최소한 사랑하는 사람들에게 공감과 연민의 반응을 보이도록 설계되어있다고 한다. 여기서 연민Compassion이라는 말 자체가 '함께 고통받다'라는 뜻의 라틴어에 뿌리를 두고 있다는 것이다. 내가 배우자에게 고통을 주어 그가 고통을 받고 있는데도 자기의 심리 상태가 아무렇지 않다는 것은 배우자를 사랑하고 있지 않다는 뜻이나 마찬가지다. 법정 스님은 『일기일회』에서 용서의 의미를 아래와 같이 설명하고 있다.

아메리카 인디언들의 속담에 "남의 모카신을 신고 십 리를 걸어가 보기 전에는 그 사람에 대해 말하지 마라."는 말이 있다. 그 사람의 처지에 서지 않고서는 그 사람을 바르게 이해하기 어렵다. 용서는 내 입장이 아니라 저쪽 입장에서 생각하는 것이다. 용서를 거쳐서 저쪽 상처가 치유될 뿐 아니라 굳게 닫힌 이쪽 마음의 문도 활짝 열리게 된다. 용서하는 사람은 너그럽다. 일단 마음의 문이 열리고 나면 그 문으로는 무엇이든 다 드나들 수 있고 받아들일 수 있다. 이와 같은 용서를 통해서 인간성이 형성되고, 그 사람의 그릇이 커진다. 이것이 또한 사람이 꽃피어 나는 소식이고 인간이 성숙해 가는 소식이다.

많은 부부 사이에서 자주 서로 상처를 주고 상처를 받으며 살아가는 것이 현실이다. 그러나 설령 상처를 받았다 할지라도 상대방의 실수를 사랑으로 용서해 주어라. 자기도 상대에게 상처를 준 일이 있을 것이다. 사람들은 상대방으로부터 상처를 받았을 때 어떻게 되갚아 줄 것인가를 생각하게 되어있다. 하지만 되갚겠다는 생각은 미움과 증오만을 낳게 되므로 부부는 서로 미워해서는 안 된다. 미움은 더 큰 증오로 발전할 수 있으며 그 미움이 고통과 상처로 자기에게 되돌아오기 때문이다. 상대방을 확실히 굴복시키는 방법은 오히려 그를 용서하는 것이다. 용서할 줄 아는 사람은 행복하지만 미움을 버리지 못하는 사람은 불행한 법이다.

베푸는 것이 진정한 사랑이다

● 가장 귀중한 사랑의 가치는 희생과 헌신이다.

— 그라시안

사람들은 불멸의 사랑을 꿈꾸지만 그것은 대체로 영화나 드라마에서만 실현된다. 배우들은 불멸의 사랑을 연기하지만 그들 역시 실제 결혼생활에서는 영원한 사랑을 좀처럼 이루어내지 못한다. 사랑에도 유효기간이 있다는데이 말은 '지금까지 사랑을 받으려고만 생각하며 살아왔는데 사랑을 못 느끼게 됐다.'는 뜻이다. 다시 불붙는 사랑을 회복하기 위해서는 베푸는 사랑을 하여야 한다.

부부는 대가를 바라는 사이가 아니다. 사랑하는 아내의 생일을 맞아 선물을 주었으면 그만이지 다음번 자기생일에 자기가 사준 선물의 가격에 걸맞는 아내의 선물을 기대하지는 말라는 것이다. 아내도 선물은 돈 버는 남편이 하는 것이라는 생각을 하고 있다면 대가를 바라는

성경 속의 리더십 사다리

잘못된 사고에서 나오는 것이다. 혹시 상대의 선물이 만족스럽지 못할 때라도 "나는 용돈을 아끼고 아껴 사주었는데 나에게는 겨우 이 정도야?"라고 삐쳐서는 안 된다. 그런데 요즈음에는 결혼할 때부터 결혼 예물이나 혼수 장만 등에 이견을 보이고 심지어 그 때문에 파혼하는 경우도 있다. 비싼 결혼 예물이나 많은 혼수를 얻기 위해 결혼하려는 사람은 한 사람도 없을 것이다. 우리 사회에는 둘이 사랑하기 때문에 결혼하여 행복하게 살겠다는데 가급적 많은 혼수를 바라는 부모님 덕분에 자식들의 결혼이 훼방 받는 경우가 비일비재하다.

대가를 바라는 사랑은 상대가 나에게 주는 만족감을 뜻할 뿐이다. 그러나 사랑은 그렇게 내가 받아야 하는 얄팍한 게 아니다. 사는 동안 아낌없이 사랑하고 아낌없이 주어라. 그것은 행복한 부부만이 할 수 있는 일이다. 내가 가지고 있는 모든 것을 다 내주었지만, 그 대가로 아무것도 되돌려 받지 못할 수도 있다. 그렇다고 해서 사랑을 원망하거나 후회할 필요는 없다. 진정한 사랑은 상대방의 행복과 기쁨을 바랄 뿐, 내 이익이나 대가를 바라는 것이 아니기 때문이다.

자기가 만족감을 느끼는 수준의 사랑으로는 진정한 사랑을 논할 수 없다. 이 세상 누구나 사랑받고 싶은 건 사실이다. 그러나 사랑받고 싶다고 다 사랑받을 수 있는 것이 아니라는 데 문제가 있다. 상대가 자기에게 어떻게 해주기를 막연하게 바라지 말고, 상대를 위해 자기가 무엇을 해야 할 것인지를 먼저 생각하고 그것을 실천에 옮기는 현명한 사람이 되어야 사랑을 받는다. 그러니 '대접받고 싶은 대로 대접하라.'는 인간관계의 황금률처럼 사랑받고 싶으면 사랑하여야 한다.

H. D. 도로우는 "사랑의 치료법은 더욱더 사랑하는 것밖에 없다."고 했다. 더욱더 사랑한다는 것은 대가와 관계없이 무조건 주는 형식의 베푸는 사랑을 의미한다. 즉, 사랑은 베푸는 것이라는 말이다. 진정한 베풂은 내가 가진 것 중 남은 것을 나누어주는 것이 아니라, 조건 없이 무조건 상대에게 주는 것이다. 진정으로 사랑하는 사람이라면 목숨까지도 바칠 수 있다. 목숨까지도 바칠 수 있는 사랑하는 사람에게 무엇이 아깝겠는가? 배우자에게는 무조건 베푼다는 마음을 가져야 한다. 베푸는 행위의 실제 수혜자는 상대가 아니라 바로 베풂을 실행하는 자신이기 때문이다. 그래서 '사랑은 주는 것이다.'라고 한다. 우리가 정말 사랑을 이해하고 그 진정한 사랑이 우리에게 있을 때는 사랑만으로도 우리의 모든 문제를 해

결하고 감당할 수 있을 것이다.

남자는 여자에게 자기를 이끌어주고 조건 없는 사랑을 베풀어주는 다정한 연인을 원한다. 여자인 당신이 그렇게 해준다면, 당신은 주방을 서성대며 요리하고 설거지하는 남편을, 아이들과 늘 잘 놀아주는 남편을, 집에 꼬박꼬박 일찍 들어오는 남편을 얻게 될 것이다. 여자가 할 일은 다만 약간의 박수와 격려 그리고 따뜻한 침실을 준비하는 정도의 베풂뿐이다.

당신이 남자라면, 아내가 하는 온갖 이야기에 열심히 귀를 기울여주는 베풂만으로도 적지 않은 보답을 받게 될 것이다. 베푼다는 것을 거창하게 생각할 필요는 없다. 우리는 상대에게 미소 짓는 것, 상대방의 입장을 이해하는 것, 감사의 말과 용서하는 행위 등 사소한 베풂에 신경을 쓰지 않아서 큰 손해를 보곤 한다. 정작 중요한 것은 작아서 잘 보이지 않는 곳에 있기 마련이다.

작은 것까지 신경을 쓰고 서로 사랑하는 한, 부부는 서로에게 쓸모 있는 존재다. 사랑받고 있는 한, 부부는 서로에게 없어서는 안 될 존재가 되는 것이다. 부부가 함께한 시간이 길어질수록 서로 사랑받고 있음을 느낄 수 있는 좋은 방법은 부부가 함께할 수 있는 일을 개발하는 것이다. 부부가 함께할 수 있는 일의 개발은 부부가 함께하는 가치체계에 최우선순위를 두는 것이 좋다. 가장 일반화된 것은 사회봉사활동 같은 베푸는 일을 함께하는 것이다. 이와 관련하여 '해비타트' 설립 배경에 관한 다음의 이야기가 있다.

사업가이자 변호사로서 서른 살이 되기도 전에 재산을 상당히 모은 사람이 있었다. 그는 계속 돈을 많이 벌었고 대단한 자산가가 되었다. 그런데 재산이 늘어가는 사이에 그에 대한 아내의 사랑은 식어갔다. 남편이 돈벌이에만 몰두한 탓이었다.

결국, 그는 돈이 행복이나 사랑까지는 만들어주지 못한다는 것을 깊이 깨달았다. 그동안 자신이 그토록 매달렸던 일이 정작 그만한 가치를 하지 못한다는 것을 알게 된 것이었다. 자신을 떠나겠다는 아내의 통보 앞에서 그는 좌절했다. 삶의 우선순위는 잘못 매겼지만, 다행히 그는 어리석지 않았다. 그는 떠나간 아내를 찾아가 삶을 완전히 다르게 시작해 보자고 눈물로 호소했다. 삶의 우선순위를 완전히 재배치하는 것이었다.

그 후 그는 사업체를 비롯한 모든 재산을 팔아 그 돈을 교회와 대학, 자선단체에 기부했다. 그리고 우선순위 리스트에서 가장 높은 곳에 올린 일을 시작하게 된다. 즉 가난한 사람들을 위해 집을 지어주기 시작한 것이다. 그것이 그 부부에게 최고의 우선순위에 있는 일이었고 일종의 사명이 되었다. 그 부부는 집을 지어주는 단체를 설립했고, 이 단체는 100여 개국에서 30만 채 이상의 집을 사람들에게 공급했다. 이 남자가 바로 밀러드 풀러라는 사람이며 그 조직은 '해비타트 포 휴머니티 인터내셔널'이다.

　사랑하면 행복해진다는 말은 내가 베푸는 사랑만큼 사랑을 돌려받기 때문이다. 그래서 베푸는 것도 투자라고 한다. 배우자에게 잘하는 것은 자기를 위한 투자다. 사랑해야 배우자에게 베푸는 투자를 할 수 있다. 내가 가진 모든 것을 배우자에게 베푸는 것이 진정한 사랑이다. 배우자에게 베푸는 것을 생활화하여 인생의 참된 행복을 얻기 위해 이제부터라도 사랑의 투자를 실행해 보라.

　깊은 사랑을 받는 방법은 자기가 가진 모든 것을 배우자에게 기꺼이 베푸는 일이다. 내가 가진 것이 비록 부족하다고 하더라도 배우자를 위해 모든 것을 희생하겠다는 생각이 베푸는 마음이다. 인생을 살아가면서도 죽기 전에 모든 것을 사회에 환원하여 베푸는 삶으로 마감할 수 있다면 그것이야말로 영원한 베풂을 실천하는 길이며, 세상을 진정 아름답게 만드는 사람으로서 가슴 뿌듯한 인류애를 후손들에게 남기는 것이다.

어느 날 석가모니가 제자들에게 물었다.

"한 방울의 물이 마르지 않으려면 어떻게 해야겠는가?"

제자들은 아무런 대답을 못했다. 이때 석가모니가 말했다.

"그것을 바닷물 속에 넣어라."

한 방울의 물은 존재마저도 어렵지만, 바닷물과 함께 섞이면 바다

의 힘을 빌려 기적을 만들 수 있고 바다와 함께 거대한 파도를 일으킬

수 있다.

부부 사이뿐 아니라 우리의 삶 전체도 결국은 베푸는 삶으로 이어져야 비록 바닷물에 섞인 한 방울의 물 같은 존재라고 하더라도 국가와 사회, 나아가 후손들을 위해 진정으로 '나는 가치 있는 삶을 살았노라.'라고 말할 수 있을 것이다. 알버트 아인슈타인도 "오직 다른 사람을 위해 산 삶만이 성공한 삶이다."라고 말했다.

이제 부부가 할 일은 후손들에게 자랑스러운 가치 있는 삶을 유산으로 물려주는 성공한 삶을 사는 것이다. 이 것이 부부가 여망하는 행복의 열매이다. 행복의 열매를

성경 속의 리더십 사다리

맺는 가장 쉬운 방법은 마음속으로라도 항상 다른 사람의 행복을 빌어주는 것이라고 한다. 우선 내 주위의 모든 사람들의 행복에 관심을 두고 그 행복을 위한 언행을 습관화한다면 배우자의 행복을 위한 언행은 저절로 해결될 것이다. 타인의 행복이 나의 행복이 되고 나아가 배우자의 행복이 나의 행복이 되어 부부는 행복할 수밖에 없을 것이다. 우리는 이 행복의 열매를 따기 위해 부부가 함께 협력하여 만든 '행복 사다리'를 오늘도 열심히 올라가야 한다.

내 삶을 바꾸는 기적의 코칭

박지연 지음 | 값 15,000원

『내 삶을 바꾸는 기적의 코칭』은 '내면의 변화'의 길로 인도해 줄 안내서이다. 이 책은 하루에 딱 3분만 들여도 충분히 음미하고 생각할 수 있는 흥미로운 이야기가 가득하다. 내 삶을 변화시키고 내면을 변화시키는 것이 무작정 '어렵다'고 생각하기 쉽지만, 이 책은 오히려 아주 조그마한 생각의 전환만으로도 나를 바꿀 수 있음을 말하고 있다. 딱딱하게 말하는 자기계발서와는 달리, 독자에게 생각할 수 있는 여지와 여유를 준다는 게 차별점이라고 할 수 있다.

아홉산 정원

김미희 지음 | 값 20,000원

이 책 『아홉산 정원』은 금정산 고당봉이 한눈에 보이는 아홉산 기슭의 녹유당에 거처하며 아홉 개의 작은 정원을 벗 삼아 자연 속 삶을 누리고 있는 김미희 저자의 정원 이야기 그 두 번째이다. 이 책을 통해 독자들은 '꽃 한 송이, 벌레 한 마리에도 우주가 있다'는 선현들의 가르침에 접근함과 동시에 동양철학, 진화생물학, 천체물리학, 문화인류학 등을 아우르는 인문학적 사유의 즐거움을 한 번에 누릴 수 있을 것이다.

성공하는 귀농인보다 행복한 귀농인이 되자!

김완수 지음 | 값 15,000원

『성공하는 귀농인보다 행복한 귀농인이 되자』는 귀농ㆍ귀촌을 꿈꿔 본 사람들부터 진짜 귀농ㆍ귀촌을 준비해서 이제 막 시작 단계에 들어선 분들, 또는 이미 귀농ㆍ귀촌을 하는 분들까지 모두 아울러 도움을 줄 수 있는 책이다. 농촌지도직 공무원으로 오랫동안 근무하고 퇴직 후에 농촌진흥청 강소농전문위원으로 활동하고 있어서 현장 경험이 풍부한 저자의 전문성이 이 책에 고스란히 녹아 있다고 하겠다.

'행복에너지'의 해피 대한민국 프로젝트!
〈모교 책 보내기 운동〉

대한민국의 뿌리, 대한민국의 미래 **청소년·청년**들에게 **책**을 보내주세요.

많은 학교의 도서관이 가난해지고 있습니다. 그만큼 많은 학생들의 마음 또한 가난해지고 있습니다. 학교 도서관에는 색이 바래고 찢어진 책들이 나뒹굽니다. 더럽고 먼지만 앉은 책을 과연 누가 읽고 싶어 할까요?
게임과 스마트폰에 중독된 초·중고생들. 입시의 문턱 앞에서 문제집에만 매달리는 고등학생들. 험난한 취업 준비에 책 읽을 시간조차 없는 대학생들. 아무런 꿈도 없이 정해진 길을 따라서만 가는 젊은이들이 과연 대한민국을 이끌 수 있을까요?

한 권의 책은 한 사람의 인생을 바꾸는 힘을 가지고 있습니다. 한 사람의 인생이 바뀌면 한 나라의 국운이 바뀝니다. **저희 행복에너지에서는 베스트셀러와 각종 기관에서 우수도서로 선정된 도서를 중심으로 〈모교 책 보내기 운동〉을 펼치고 있습니다.** 대한민국의 미래, 젊은이들에게 좋은 책을 보내주십시오. 독자 여러분의 자랑스러운 모교에 보내진 한 권의 책은 더 크게 성장할 대한민국의 발판이 될 것입니다.

도서출판 행복에너지를 성원해주시는 독자 여러분의 많은 관심과 참여 부탁드리겠습니다.

하루 5분 나를 바꾸는 긍정훈련

행복에너지

'긍정훈련'당신의 삶을
행복으로 인도할
최고의, 최후의'멘토'

'행복에너지
권선복 대표이사'가 전하는
행복과 긍정의 에너지,
그 삶의 이야기!

인터파크
자기계발 분야 주간
베스트 1위

권선복 지음 | 15,000원

권선복

도서출판 행복에너지 대표
지에스데이타(주) 대표이사
대통령직속 지역발전위원회
문화복지 전문위원
새마을문고 서울시 강서구 회장
전 팔팔컴퓨터 전산학원장
전 강서구의회(도시건설위원장)
아주대학교 공공정책대학원 졸업
충남 논산 출생

책『하루 5분, 나를 바꾸는 긍정훈련 - 행복에너지』는 '긍정훈련' 과정을 통해 삶을 업그레이드하고 행복을 찾아 나설 것을 독자에게 독려한다.

긍정훈련 과정은[예행연습] [워밍업] [실전] [강화] [숨고르기] [마무리] 등 총 6단계로 나뉘어 각 단계별 사례를 바탕으로 독자 스스로가 느끼고 배운 것을 직접 실천할 수 있게 하는 데 그 목적을 두고 있다.

그동안 우리가 숱하게 '긍정하는 방법'에 대해 배워왔으면서도 정작 삶에 적용시키지 못했던 것은, 머리로만 이해하고 실천으로는 옮기지 않았기 때문이다. 이제 삶을 행복하고 아름답게 가꿀 긍정과의 여정, 그 시작을 책과 함께해 보자.

『하루 5분, 나를 바꾸는 긍정훈련 - 행복에너지』